ÉTUDE

SUR

TANNHAEUSER

de Richard Wagner

ANALYSE ET GUIDE THÉMATIQUE

PAR

ALFRED ERNST & ÉLIE POIRÉE

PARIS

A. DURAND ET FILS | CALMANN-LÉVY
Éditeurs | Éditeur
4, PLACE DE LA MADELEINE | 3, RUE AUBER

(Tous droits réservés)

ETUDE

SUR

TANNHAEUSER

OUVRAGES DE M. ALFRED ERNST

L'Art de Richard Wagner. T. I : l'Œuvre poétique ; Plon, 1893, in-18.

Richard Wagner et le Drame contemporain ; Librairie moderne. 1887, in-18 (épuisé).

L'Œuvre dramatique d'Hector Berlioz ; Calmann-Lévy, 1884, in-18.

La Walkyrie, de Richard Wagner, traduction nouvelle en prose rythmée, adaptée à la musique ; Schott, 1894, petit in-18 (*La partition sera publiée prochainement avec ce nouveau texte*).

Pour paraître prochainement :

L'Art de Richard Wagner. T. II : l'Œuvre musicale.

Les Maitres Chanteurs de Nuremberg, de Richard Wagner, traduction nouvelle adaptée à la musique.

En collaboration avec M. S. Lazzari :

Guide thématique a travers l'Anneau du Nibelung de Richard Wagner, par M. Hans de Wolzogen, traduction française.

ÉTUDE

SUR

TANNHAEUSER

de Richard Wagner

ANALYSE ET GUIDE THÉMATIQUE

PAR

ALFRED ERNST & ÉLIE POIRÉE

PARIS

A. DURAND ET FILS
Éditeurs
4, PLACE DE LA MADELEINE

CALMANN LÉVY
Éditeur
3, RUE AUBER

(Tous droits réservés)

ÉTUDE SUR TANNHAEUSER

I

L'Action

Le drame de *Tannhaeuser* a été tiré par Wagner de l'Histoire et de la Légende.

Heinrich Tannhaeuser a existé : c'est un des *minnesinger* (chanteurs d'amour) du moyen âge germanique. Parmi ces chevaliers-poètes, nombreux au treizième siècle surtout, on nomme aussi Walther von der Vogelweide, Wolfram von Eschenbach, Reinmar, Biterolf, Henri le Scribe, qui figurent dans l'œuvre de Wagner — sans parler de beaucoup d'autres non moins réputés. Le personnage de Hermann, landgraf de Thuringe, est également historique. Enfin, par une identité de nom et par une similitudes de dates, par le choix de la Wartburg comme théâtre de l'action, plus encore par la sainteté de son personnage, Wagner a établi une confusion volontaire entre l'Elisabeth de son drame et la très glorieuse princesse de l'Histoire, Elisabeth de Hongrie, la grande compatissante, la chaste héroïne du *Miracle des roses.*

La Légende, elle, beaucoup plus importante au double point de vue de l'affabulation et de la signification humaine de *Tannhaeuser,* a donné à Wagner la tradition relative aux amours du chevalier Tannhaeuser et de Dame Vénus. Cette tradition est condensée dans les différentes versions populaires du *Tannhaeuser-lied,* dont la substance est contenue en plusieurs recueils, par exemple celui d'Uhland et celui des frères Grimm. Ce *Tannhaeuser-lied* impressionna profondément Wagner, et lui fut de la plus grande utilité. Le maître, d'ailleurs, connaissait déjà une paraphrase de cette tradition, paraphrase très altérée, rimée par le poète Tieck, et il avait pu en retrouver aussi l'écho dans le *Salon* de Heine.

D'autres éléments ont concouru à la création du poète-musicien. Entre ceux-là, il faut citer un *poème allemand du moyen âge*, *Der Wartburgkrieg* (la Guerre de la Wartburg), racontant une joute lyrique des minnesinger à la cour du landgraf de Thuringe; parmi les chevaliers-poètes qui y prennent part, il faut spécialement citer Heinrich von Ofterdingen (correspondant au Tannhaeuser de Wagner) et Wolfram von Eschenbach. Cette joute fameuse est placée hypothétiquement en l'année 1206, bien que les historiens la tiennent en général pour imaginaire. Enfin, avant de lire ce poème, Wagner avait été frappé d'une nouvelle d'Hoffmann *Der Sängerkrieg* (la Guerre des Chanteurs): cette fantaisie du célèbre conteur a précisément pour sujet la même tradition.

Ce n'est point ici le lieu d'analyser les différentes sources où Wagner a puisé, ni de montrer, avec l'étendue de sa création, la valeur des transformations qu'il a fait subir aux données de la Légende ou de l'Histoire. Ces questions sont traitées en des ouvrages spéciaux (1). Mais il est intéressant d'observer que Wagner, après avoir abordé, dans *Rienzi*, un sujet de nature essentiellement historique, comprit, dès le *Vaisseau-Fantôme*, que la Légende était le domaine où pouvait le mieux s'exercer son génie. Dans l'esquisse de la *Sarrasine*, drame projeté avant *Tannhaeuser* et qu'il n'acheva point, il revenait à des sujets historiquement déterminés, tout en laissant à l'imagination une liberté considérable. *Tannhaeuser* et *Lohengrin* combinent avec un art merveilleux les éléments historiques et les traditions légendaires, mais la prépondérance de la

---

(1) Au moment où ces lignes sont écrites (décembre 1894) il est vraisemblable que M. Kufferath donnera prochainement, dans un ouvrage consacré à *Tannhaeuser*, une suite à ses consciencieuses études sur *Lohengrin*, *Parsifal*, *la Walkyrie*, etc.: j'y renvoie par avance le lecteur, ainsi qu'au beau travail de Franz Liszt, *Lohengrin et Tannhaeuser* (1851), à l'intéressante brochure de M. Etienne Destranges, intitulée *Tannhaeuser*, et à mon livre *L'Art de Richard Wagner*, t. 1, *l'Œuvre poétique*.   A. E.

Légende y est incontestable, et bientôt le mythe pur apparaîtra dans *l'Or du Rhin*.

Pour ne parler que de *Tannhæuser*, tous ceux qui connaissent cette œuvre savent avec quelle couleur pittoresque et quelle ampleur d'expression la foi religieuse et l'esprit chevaleresque du treizième siècle y sont restitués ; ils savent surtout de quelle émotion profonde, de quelle signification puissante et directe, de quel symbolisme élevé, toujours humain cependant, la merveilleuse poésie de la Légende y pénètre toutes choses.

Il ne sera pas inutile de rappeler que *Tannhæuser* fut esquissé par Wagner à Teplitz dans l'été de 1842, continué à Dresde, où le poète-musicien était chef d'orchestre, terminé en avril 1844, revu au mois de décembre de la même année, et représenté à Dresde, avec un certain succès, le 19 octobre 1845. Cependant la critique se distingua par son absolue incompréhension de l'œuvre. Après ces représentations, Wagner fit un remaniement dans le troisième acte, remaniement peu considérable comme étendue, mais important néanmoins, car, dans le texte de la toute première version, Vénus ne réapparaissait pas sur la scène, et l'on ne voyait pas non plus Élisabeth morte.

Un remaniement plus significatif encore est celui que fit Wagner en 1860-61, pour les représentations parisiennes de son œuvre. Ce remaniement porte sur la bacchanale et la scène du premier acte entre Vénus et Tannhaeuser, sur le discours adressé par le landgraf aux chanteurs et à ses invités (il n'y a d'ailleurs là qu'une simple addition), sur le concours des chanteurs, abrégé et resserré en vue de l'intensité dramatique, et sur le prélude du troisième acte. Il faut encore y ajouter une modification très brève tout à la fin du deuxième acte (un trait de violon nouveau, de grande signification scénique) et une autre dans les dernières répliques de Vénus, à la fin du drame. Cette version définitive, exécutée à Paris en 1861, à Bayreuth en 1891 et les années suivantes, est celle que l'Opéra reprend aujourd'hui : c'est à ce texte que se rapporteront les analyses sommaires de la présente étude.

On sait dans quelles conditions *Tannhaeuser* fut représenté pour la première fois à Paris, le 13 mars 1861, et l'injuste accueil qu'il y reçut. Ce que l'on sait moins, et ce qu'il importe de redire, c'est que la masse du public, surtout aux deux représentations suivantes, protesta énergiquemment — Wagner lui-même le déclare — et manifesta, par des applaudissements répétés, l'admiration qu'elle éprouvait pour une œuvre cependant si nouvelle et si hardie.

L'ouverture de *Tannhæuser* résume le drame. Elle en expose le sens supérieur, que la précision rigoureuse des personnages et des situations ne permettait pas à Wagner d'exprimer totalement sur la scène. Sans toucher à l'analyse musicale, que l'on trouvera plus loin, disons seulement que cette ouverture met en face l'un de l'autre deux principes contraires, l'un d'affirmation chrétienne, l'autre de sensuel désir. Cette opposition est accusée avec une énergie et une richesse extraordinaires ; mais, finalement, la première des deux forces en présence attire à elle la seconde, la conquiert et la transfigure. Le monde de la chair se soumet et se donne avec bonheur, en l'éclat d'une joie nouvelle, au divin pouvoir qui le sauve à jamais. Voici du reste, en quels termes Wagner lui-même commente cette page de son œuvre :

« Au début, l'orchestre chante le cantique des pèlerins. Les voix
« se rapprochent, s'enflent dans un élan puissant et s'éloignent. —
« Crépuscule ; derniers échos du cantique. — Dans les ombres
« de la nuit, on voit se dessiner des apparitions fantastiques. Un
« nuage rose et parfumé les enveloppe, des cris voluptueux
« frappent l'oreille et la danse joyeuse déroule ses anneaux lascifs.
« C'est la fantasmagorie séduisante du Venusberg... Attiré par le
« charme, on voit paraître Tannhaeuser, le chantre de l'amour... Il
« fait entendre son hymne fier et passionné... A sa voix le Venus-
« berg s'ouvre devant lui et lui montre ses mystérieuses merveilles.
« Des cris de joie sauvage répondent à son chant. Emportées
« par le délire de l'ivresse, les Bacchantes enlacent Tannhaeuser
« dans leur ronde furieuse et le jettent aux bras de Vénus, qui
« l'entraîne dans les profondeurs inaccessibles de l'empire du
« Néant. La troupe sauvage disparaît et la tempête s'apaise brus-
« quement. Un bruit léger et plaintif continue pourtant à planer
« dans l'espace... — Mais déjà l'aube blanchit l'horizon. Dans le
« lointain, on entend s'éveiller la mélodie du cantique. A mesure

« que les voix se rapprochent et que la clarté du jour fait reculer
« les ténèbres de la nuit, les vibrations aériennes, qui ressemblaient
« tout à l'heure à la douloureuse lamentation des damnés, prennent
« peu à peu l'accent de la joie. Lorsque, enfin, le soleil surgit et
« que le cantique des pèlerins s'élève comme un chant de déli-
« vrance, elles se répandent en nappes sonores, où l'on sent vibrer
« le ravissement de l'enthousiasme. C'est l'hymne du Venusberg,
« racheté de l'antique malédiction, qui s'enlace au cantique divin
« lui-même. Ainsi toutes les forces de la vie entonnent le chant de
« la rédemption, et les deux éléments jusqu'ici séparés, l'esprit et
« la matière, Dieu et la Nature, s'embrassent et s'unissent dans le
« baiser sacré de l'amour (1). »

Le chevalier Tannhaeuser, poussé par l'orgueil du génie et la
fougue du désir, a quitté ses compagnons, ses rivaux, délaissé les
joutes où l'on dispute le prix du chant. Il est allé vers la montagne
maudite, le Venusberg, où trône la reine des anciens dieux, la
Vénus païenne, au profond des grottes enchantées. La nuit, lorsque
les voyageurs attardés passent au pied de cette montagne, ils entendent vibrer d'étranges concerts ; des lueurs brillent, des formes
errantes se dessinent, de blanches nudités jaillissent de l'ombre ;
ce sont les bacchantes, les sirènes et les nymphes, qui nouent
autour d'eux leurs rondes de vertige ; c'est l'appel des divinités
déchues, réfugiées aux entrailles de la terre depuis le triomphe du
Christ et de sa Croix. Tannhaeuser, lui, a marché résolument vers
la montagne maudite ; les rochers se sont ouverts devant lui ; sans
trembler, ayant aux lèvres le los enflammé de la déesse, il est
descendu aux abîmes de perdition. Vénus lui est apparue : elle
s'est donnée à l'audacieux mortel qui osa la désirer !

Mais un jour, au milieu des voluptés qui l'enivrent, Tannhaeuser
tressaille, comme réveillé d'un songe. Un regret l'a mordu au
cœur ; il se rappelle les fraîches matinées d'avril, les claires son-
neries de cloches aux églises, les chants d'oiseaux dans les feuillages emperlés de rosée. Il est las du plaisir, des sensuelles délices
qu'il a savourées si longtemps. Un désir le prend de la Patrie

(1) *Gesammelte Schriften*, t. **IV**.

chrétienne, de l'innocence ineffable des âmes et des choses, et aussi de la liberté, de l'action, de la douleur même. Il veut quitter Vénus, lutter, pleurer, souffrir. En vain la déesse le supplie, se montre tour à tour caressante et courroucée : séductions et menaces échouent : Tannhaeuser invoque Marie, le Venusberg disparait...

Le chevalier se trouve dans le val au pied de la Wartburg, par une lumineuse matinée de printemps. Des pèlerins passent, ils annoncent la pénitence, ils chantent la promesse du salut. Comprenant enfin le miracle qui vient de se produire, Tannhaeuser, le cœur brisé de remords et de reconnaissance, tombe la face contre terre et verse d'abondantes larmes. C'est dans cette attitude que ses anciens amis le retrouvent : à peine reconnaissent-ils en lui le fier poète dont l'absence prolongée demeurait pour eux une énigme : nul ne sait où Tannhaeuser se rendit en quittant les fêtes de la Wartburg : nul ne soupçonne d'où il vient. Mais le généreux Wolfram d'Eschenbach s'avance vers Tannhaeuser, la main loyalement tendue : il le conjure de reprendre sa place parmi les *minnesinger*, et, comme son ami répond évasivement aux questions et parle de s'éloigner de nouveau, il prononce le nom d'Elisabeth. Elisabeth, la nièce du landgraf, n'a plus voulu présider les joutes lyriques depuis la disparition de Tannhaeuser, qui seul savait la charmer et l'émouvoir par ses chants. A ce nom, Tannhaeuser s'arrête... Quoi, Elisabeth pense à lui, à lui si indigne d'elle ! elle l'aime, elle l'attend sans doute ! Avec un transport de joie, il accepte de revenir à la cour du landgraf.

Elisabeth attend Tannhaeuser en effet, dans la tristesse et la prière. Mais soudain la voici toute joyeuse, parcourant les salles de la Wartburg : il revient, il va paraître ! cette âme innocente déborde d'allégresse. Il entre, il se jette à ses pieds. Avec la simplicité des âmes candides, Elisabeth fait l'aveu de la peine qu'elle souffrit naguère, et de la joie reconnaissante qu'elle éprouve maintenant. Wolfram assiste de loin à ces confidences, à la réponse enthousiaste de Tannhaeuser : lui aussi aimait Elisabeth, mais en silence, et puisque la jeune fille pense à un autre que lui, il continuera de se taire, dans l'héroïque renoncement de son cœur. Or, les seigneurs

d'alentour ont été convoqués par le landgraf : une joute poétique
doit s'ouvrir en l'honneur de Tannhaeuser revenu, et c'est Elisabeth
qui décernera le prix. Wolfram chante : son chant, plein de grave
tendresse, s'élève vers Elisabeth comme la prière d'un amour fidèle
et résigné. Tannhaeuser répond, et ses strophes s'animent étran-
gement : Vénus ressaisit peu à peu, par une mystérieuse ivresse,
l'âme ardente de son chevalier. Seul, assure-t-il, il connait la réalité
de l'amour ! le respect, l'adoration muette ne servent de rien !... Tel
monte, exultant d'orgueil, et déjà brûlant de luxures, le chant hardi
de Tannhaeuser. Biterolf, indigné, apostrophe rudement le témé-
raire, qui lui réplique sur un ton de souverain mépris. Déjà les
mains se crispent aux gardes des épées, quand la voix de Wolfram,
apaisant le tumulte, prononce une sublime invocation au pur amour.
Hors de lui, Tannhaeuser entonne la louange de Vénus, l'hymne
même dont il saluait la déesse, au sein de la montagne maudite :
« Infortunés qui ignorez l'amour, allez le chercher au Venusberg ! »

Une clameur d'épouvante et de colère suit cette soudaine révélation. Mort au blasphémateur, à l'impie, au réprouvé ! Glaive au
poing, les chevaliers se ruent vers l'infâme ; mais un cri perçant
retentit : Elisabeth se précipite entre le pécheur et le châtiment.
Elle s'offre aux épées hautes ; innocente, elle protège le coupable ;
une navrante prière d'intercession monte de sa bouche ; elle demande
grâce pour le criminel qui l'a trahie. Devant un tel miracle de
dévouement, le courroux des chevaliers s'arrête ; Tannhaeuser,
comprenant enfin ce qu'est le véritable amour, gémit aux pieds
d'Elisabeth l'aveu presque frénétique de sa propre indignité. Le
landgraf parle : que le maudit se joigne aux pèlerins qui vont à
Rome ! qu'il fasse pénitence, qu'il implore du Souverain Pontife
son pardon !... Au loin résonnent les chants du pieux cortège... Tannhaeuser, prostré devant Elisabeth, saisit la frange de la robe virginale, y colle éperdument ses lèvres, et part pour le pélerinage
d'expiation.

C'est l'automne ; la mélancolie de l'arrière-saison s'étend sur le
val, la rougeur du couchant empourpre les créneaux de la Wartburg.
Au bord de la route, Elisabeth en prière attend le retour des pèlerins. Non loin d'elle, Wolfram la contemple : le cœur triste, mais

libre de tout désir terrestre, il associe son respectueux amour à toutes les angoisses de l'héroïque vierge. Un cantique s'élève, grandit, approche ; les pèlerins reviennent, absous par le Saint-Père. Ils passent sur le chemin, chantant les merveilles de la miséricorde. Mais les regards d'Elisabeth cherchent inutilement Tannhaeuser parmi eux : il n'est point là... il n'a donc pas reçu, comme eux, le pardon de son crime. Alors, dans la nuit commençante, tandis que s'effacent au loin les derniers sons du cantique, Elisabeth tombe à genoux : elle invoque la Vierge, Celle qu'on n'appelle pas en vain : elle offre sa vie à Dieu pour le salut du pécheur qu'elle aima. Et quand s'est achevée la prière d'agonie, elle s'éloigne, lente et pure, comme immatérielle déjà, et reprend le sentier solitaire qui monte à la Wartburg.

Wolfram suit des yeux cette blancheur surnaturelle qui s'en va : il comprend que la demande de la Sainte est exaucée, qu'Elisabeth va mourir de sa douleur, de son amour, de sa prière, et salue, dans le célèbre « Chant de l'Etoile », l'ascension prochaine de cette âme vers les cieux. L'ombre s'est obscurcie : un voyageur sinistre apparaît sur le chemin : c'est Tannhaeuser... Tannhaeuser qui n'est point absous, Tannhaeuser qui revient maudit. D'une voix tour à tour rauque et défaillante, il dit à Wolfram sa pénitence, les souffrances qu'il s'est imposées pour devenir moins indigne des larmes d'Elisabeth, et l'impitoyable sentence tombée sur son front : « Pas plus que le bois mort de la crosse, dans la main du prêtre qui vous conduit, ne peut jeter des branches vertes, ton salut ne peut refleurir de l'éternelle damnation encourue ! » Eh bien, puisque tout demeure inutile, repentir et pénitence, Vénus, elle, sera clémente au malheureux que les chrétiens ont repoussé ! Tannhaeuser invoque la déesse : il se voue aux voluptés maudites, avec toute la rage de son désespoir. Wolfram s'efforce en vain de lutter contre cet irrémédiable égarement : « Mon salut, rugit Tannhaeuser, mon salut est perdu à jamais ! C'est l'Enfer que je choisis maintenant ! » Tout l'enchantement du Venusberg revit dans les ténèbres, les rythmes orgiaques se déchaînent de nouveau, Vénus elle-même apparaît, et sa voix, pâmée de langueurs triomphantes, accueille son chevalier pour toujours reconquis. A ce moment suprême, une inspiration traverse l'esprit de Wolfram : il appelle au secours la Sainte, la Morte rédemptrice : « Elisabeth ! » Tannhaeuser s'arrête, comme frappé de la foudre. Le nom sauveur anéantit tous les prestiges infernaux : Vénus disparaît, les magies du Venusberg s'effacent, l'aube se lève. Et voici que dans la vallée le cortège funèbre d'Elisabeth s'avance. Des voix chantent : « Sainte est la vierge qui se tient debout devant le trône de Dieu ; bienheureux le pêcheur pour qui elle a pleuré ! »

« Henri, s'écrie Wolfram, Henri, tu es sauvé ! » Tannhaeuser défaillant se traine vers le cercueil de la martyre. Il tombe à genoux, il meurt, en murmurant cette seule parole · « Sainte Elisabeth, priez pour moi. »

Et, en cet instant, les jeunes pèlerins revenus de Rome accourent avec des cris d'allégresse, élevant la crosse du prêtre toute couverte de feuillage. Le bois mort a refleuri : le Seigneur lui-même, par un miracle, prouve que « sa pitié n'est pas une dérision ». Toutes les voix s'unissent : le cantique de grâce et de foi, montant dans la gloire de l'aurore, annonce au monde la miséricorde de Dieu.

Tel est ce drame, le plus violent peut-être que Wagner ait conçu. Jamais le poète-musicien n'a plongé plus avant dans l'abime de la douleur humaine : jamais il n'a fait sentir, avec plus de puissance, le mystère de l'humaine destinée. Jamais il n'a marqué, avec une netteté et une émotion supérieures, cette idée de rédemption, d'amour qui se donne et qui sauve, idée qu'on retrouve plus ou moins en toutes ses œuvres, incarnée aux sublimes figures de Senta dans *le Vaisseau-Fantôme*, d'Elisabeth dans *Tannhaeuser*, de Brünnhilde dans *l'Anneau du Nibelung*, et enfin de Parsifal.

Si la forme du poème, dans *Tannhaeuser*, rappelle encore, partiellement, par sa coupe et ses périodes, les formes habituelles des livrets d'opéra, la valeur des vers originaux de Wagner est déjà des plus hautes, et toutes les situations, toutes les progressions scéniques, les idées et les effets du drame, en un mot, portent l'authentique sceau du génie. Quant à la musique, qui sera étudiée plus loin, elle s'unit au poème avec une force d'expression et une intensité de couleur éminemment caractéristiques du véritable art wagnérien.

II

Les Personnages

TANNHAEUSER. — Wagner n'a guère emprunté qu'un nom au
Tannhaeuser de l'Histoire ; le Tannhaeuser de la Légende, par
contre, lui a donné plusieurs faits essentiels de son drame, dans un
cadre tout prêt aux significations poétiques et humaines. Mais ces
significations appartiennent bien au dramaturge : il a créé véritablement le personnage de Tannhaeuser ; la puissance de son génie
en a fait un type immortel du désir humain.

S'il existe quelques traits communs entre la légende de Tannhaeuser et celle du docteur Faust, il en existe également, et de remarquables, entre le héros de Wagner et le Faust de Goethe. Rien ne
peut satisfaire l'âme inquiète de Faust, rien non plus n'assouvit le
désir de Tannhaeuser. Dans le repos, il regrette l'action ; dans
l'excès des plaisirs, il aspire à la souffrance ; du fond du Venusberg,
parmi les joies païennes, il jette un cri d'appel vers la foi longtemps
oubliée. Si Vénus n'a pu le retenir en l'empire des délices, le bonheur pur qu'il goûte auprès d'Elisabeth ne lui suffit pas non plus :
l'orgueil et le désir le ressaisissent, lui font oublier la présence
même d'Elisabeth, le poussent au défi le plus audacieux contre le
monde entier. Lorsque la vierge qu'outrage son blasphème inter-
cède pour lui, il entrevoit soudain un idéal nouveau : l'amour de
cette vierge qui souffre et se dévoue lui apparaît supérieur, infini-
ment, à l'amour qu'il avait conçu jusque-là, et lui donne la conscience de son indignité à lui. Alors il se déteste, il se livre aux
âpres pénitences : le désir de s'élever par des souffrances volon-
taires vers son ange sauveur se déchaîne en lui, plus violent que
le désir qui l'entraînait jadis vers le Venusberg. Quand il revient de

Rome, maudit, le désespoir le rejette vers la damnation avec une pareille fureur : fou de détresse, il invoque Vénus, mais, au nom d'Elisabeth prononcé par Wolfram, le véritable amour le foudroie de repentir. Nous sentons que c'est la victoire suprême, consommée dans la mort; la mort seule peut donner la paix à Tannhaeuser, car c'est le tout qu'il lui faut, et rien dans l'univers ne saurait le contenter.

En indiquant l'analogie qui existe, à certains égards, entre le personnage de Tannhaeuser et celui de Faust — analogie confirmée par des rapprochements de textes qui ne peuvent trouver place ici (1) — nous faisons apercevoir du même coup leurs différences, et toute l'originalité de la création wagnérienne. Faust rêve, doute, interroge ; Tannhaeuser ne connaît ni le doute, ni l'hésitation, ni le songe. Ce qu'il est, il l'est immédiatement, hardiment, sans trouble ni recul. Son être gravite entre deux pôles, mais quitte le premier pour le second avec la rapidité de l'éclair. Il est l'Homme, l'Homme sollicité par des tendances opposées, mais qui ne cherche nul compromis entre elles, et qui, de toutes les forces de sa vie, aspire à la plénitude du bonheur. S'il se contredit, s'il s'abandonne tour à tour à des passions qui se nient l'une l'autre, la vérité, l'unité de sa nature résident en cette contradiction même. C'est l'éternelle contradiction de la nature humaine, réalisée, concentrée en lui avec une souveraine violence. Il est la personnification de notre nature, qui exige impétueusement l'absolu, aussi bien aux mensonges de la jouissance qu'aux abnégations héroïques de l'amour purifié.

Tout de désir violent, Tannhaeuser ne regarde jamais en arrière. En son cœur brûle « la flamme de la vie ». Wagner a écrit à ce propos : « Je désigne, comme l'élément le plus essentiel de ce caractère, la plénitude de la sensation de la situation présente — plénitude de sensation immédiatement active, exaltée jusqu'à ses extrêmes limites... Jamais Tannhaeuser n'est « un peu » ce qu'il est, mais, tout ce qu'il doit être, il l'est pleinement et totalement ». De là maint contraste dramatique. Ecoutez Tannhaeuser relever le défi de Biterolf : » Ah ! fanfaron insensé ! c'est toi, loup furieux, qui t'avises

(1) *L'Art de Richard Wagner : l'Œuvre poétique*. On y trouvera ces rapprochements de textes, et surtout une étude complète des personnages (pages 342-379 et 382-390).

de chanter l'amour ? Mais les plaisirs que tu as connus, vraiment, ils ne valent pas un coup d'épée ! » Et ce chevalier-poète, si fier, si insolent, qui, debout en sa révolte, brave la menace des glaives, le voici aux pieds d'Elisabeth, précipité soudain, selon le mot de Wagner, « dans la plus effroyable contrition ». Cet orgueilleux, ce sensuel ardent, que n'arrêtèrent ni les anathèmes jetés sur la Montagne mystérieuse, ni, plus tard, les colères et les malédictions de Vénus, il cède au cri tremblant d'une jeune fille ; moins que cela, un son lointain de cloche, entendu dans un rêve, l'arrache à l'infernale orgie. Le refrain d'un pâtre, le chant des pèlerins, la vue des prés en fleur, des verdures rajeunies et de l'azur des cieux, le prosternent tout à coup sur le sol, étouffé de sanglots, anéanti dans la douceur du printemps. Et, à l'heure dernière, c'est un nom, un simple nom, le nom d'Elisabeth, qui le sauvera pour toujours.

Il est la passion. L'univers entier se résume pour lui en deux amours, deux femmes, Vénus, Elisabeth. Après avoir savouré la joie des sens, que personnifie Vénus, il ne conçoit le salut que par Elisabeth. Il ignore les calculs intéressés, même sous leurs formes les plus nobles : le salut, pour lui, c'est l'expiation de la douleur de l'Aimée, l'union par la souffrance, par l'immolation, avec cette vierge qu'il sait être la Sainte, l'Envoyée d'en haut, et qui, à ses yeux, est désormais la vérité vivante de l'amour. Tout cela, Wagner l'a marqué aux pages maîtresses du drame, et spécialement au « récit du pèlerinage », chef-d'œuvre entre les chefs-d'œuvre, qui commence par l'évocation des pénitences amères, le gémissement poignant de l'âme vers une divine pureté d'amour, et qui finit par l'effrayante invocation : « Je viens à toi, Vénus, ô ma Dame ! Je rentre en la douce nuit de tes enchantements ! Je descends jusqu'au palais où tu trônes, où ta séduction me rit pour l'éternité ! » Nul dramaturge, nul poète n'a posé avec une si tragique puissance le dilemme de la destinée, au bord même de l'Irrévocable, en la minute où l'âme choisit entre la lumière et les ténèbres. A cet instant plus que jamais, nous sentons que Tannhaeuser est bien l'Homme ; nous sentons que la contradiction dont il meurt est l'intime contradiction du cœur humain ; et dans la parole, si humblement douloureuse, où s'exhale sa vie, l'humanité retrouve l'écho de sa propre détresse et de sa propre espérance.

ELISABETH. — L'idée du sacrifice qui sauve, idée chère à Wagner, est incarnée dans le personnage d'Elisabeth. Elisabeth se présente sous deux aspects principaux : la jeune fille — la Sainte. L'unité de son caractère réside en l'amour, amour virginal, vraiment immaculé ; mais le poète-musicien a eu soin de différencier nettement les deux aspects du rôle, de les montrer tous deux avec une grande intensité d'expression, pour que le spectateur comprenne combien tragique est la catastrophe qui fait succéder l'un à l'autre.

Jamais sa musique n'a été plus simple, plus limpide, d'une fraicheur plus jeune et plus chaste qu'aux scènes initiales du deuxième acte. L'allégresse naïve d'Elisabeth, exprimée par les paroles, par la mélodie vocale toute spontanée, et par l'orchestre, l'est aussi par la mise en scène : Elisabeth parcourt joyeuse les salles de la Wartburg ; un étroit cercle d'or presse sa chevelure blonde, ses vêtements la drapent d'azur et de neige. Dans la scène avec Tannhaeuser, c'est l'émoi de la rencontre, puis des élans de bonheur, des réticences charmantes, le souvenir des tristesses passées, et enfin l'aveu, pur et passionné tout ensemble. Si de tels sentiments, pleins d'une grâce innocente, n'étaient point montrés par Wagner sous les formes les plus claires, les plus simples, et délicieusement naïves (tant au point de vue musical qu'au point de vue poétique), le miracle de douleur et d'héroïsme qui se prépare ne nous paraîtrait pas si sublime.

Voici la joute des chanteurs, et le satanique défi de Tannhaeuser. En face du criminel, de l'excommunié, rugit la troupe de ses rivaux ; ils vont sur lui, le fer à la main... Regardez Elisabeth : cette jeune fille qui souriait tout à l'heure, cette enfant qui, rougissante, n'osait répondre aux bienveillantes questions du landgraf, elle est là, debout, offrant aux épées sa gorge virginale, couvrant le maudit de toute sa pureté et de tout son amour. Priant avec larmes, elle arrête les bras levés pour le meurtre, contient les colères, désarme la justice. Puis, voyant sa prière exaucée, tandis que Tannhaeuser, tombé à genoux, jette une clameur de détresse : « Pitié pour moi, qui, en la profondeur de mon crime, ai pu outrager la Médiatrice du Ciel ! » elle se tait, elle se recueille, dans une agonie de tout son être ; mais son silence protège encore l'infâme, et, quand sa voix résonnera de nouveau, ce sera pour faire planer, sur les menaces toujours grondantes, une prière nouvelle et une oblation d'elle-même à Dieu.

Au troisième acte, le rôle d'Elisabeth n'est pas moins émouvant. Dès la fin du prélude, une gémissante phrase du hautbois semble dire la présence d'Elisabeth, et, lorsque le rideau se lève, une blancheur, immobile clarté d'innocence, apparaît dans le triste paysage d'automne, qu'assombrit l'approche du soir : c'est Elisabeth, prosternée pour une muette prière, à l'endroit même où pleura le coupable Tannhaeuser, en une matinée de mai, quand disparut l'enchantement du Venusberg. Or, il faut que tous les espoirs terrestres de la martyre s'anéantissent l'un après l'autre : les pèlerins absous passent dans le val, et Tannhaeuser n'est pas avec eux ! Vient alors la sublime prière de rédemption, le sacrifice définitif qu'Elisabeth offre de sa vie. Lorsque la Sainte se relève, nous devinons que ce sacrifice est accepté, que la mort physique, en touchant cette blanche apparence, va seulement ratifier, parfaire matériellement l'immolation accomplie par l'amour. Plus tard, quand Tannhaeuser dit son pèlerinage de douleur, appelle Vénus, lutte contre Wolfram qui voudrait le retenir, nous sentons la présence invisible d'Elisabeth, et cette présence se prouve par le miracle intérieur du salut, au moment où Wolfram crie le nom de la Morte. Wagner fait éclater, à l'affirmation de ce nom, les voix souveraines de l'orchestre, la clameur tonnante des trombones, car c'est la toute-puissance de l'amour qui se manifeste ici. Etendue au cercueil, Elisabeth reparaît alors, visiblement, sur la scène : il fallait qu'elle mourût pour vaincre, et il faut que Tannhaeuser expire, lui aussi, pour que s'achève enfin sa délivrance.

Gluck avec Alceste, Mozart avec Don Juan, Dona Anna, Chérubin, Beethoven avec Léonore, Weber avec Max et Agathe, démontrèrent que la musique dramatique pouvait peindre des caractères, unifier des rôles, indiquer des types, aussi fortement, sinon davantage, que le drame parlé. Wagner, dès *le Vaisseau-Fantôme*, sut porter cette caractérisation des personnages à un degré nouveau de poésie et de puissance, et surtout l'enrichir d'une signification générale. Avec le personnage de Tannhaeuser, il prouve que son drame lyrique (essentiellement distinct de l'opéra) peut, malgré les simplifications de situations et d'intrigue que l'art musical exige, fixer des types humains intimement *vrais*, et donner à ces figures d'humanité réelle une valeur significative si intense, si directement compréhensible, tellement affranchie de toutes explications préalables, que seule la musique était capable de l'exprimer. A ce point de vue plus encore qu'à tous autres, son drame est bien une conquête neuve, complétant, transformant par contre-coup les conquêtes des maîtres antérieurs. Si le personnage de Tannhaeuser, par exemple, est profondément un, cette unité — désir impétueux, inassouvible poursuite du bonheur — n'est nullement artificielle, extérieure, convenue. Wagner veut qu'elle se dégage des contradictions apparentes les plus hardies, de la plus violente opposition entre les actes consécutifs de son héros. Nous reconnaissons là une vérité dramatique absolument étrangère aux conventions habituelles de l'opéra, vérité qui admet les faiblesses de l'âme humaine, les défaillances et les revirements de la volonté. Nous la retrouverons plus tard dans l'Elsa de *Lohengrin*, le Siegmund de *la Walkyrie*, pour citer seulement deux œuvres familières au public parisien. Mais, dès le drame qui nous occupe, nous la voyons pleinement réalisée au personnage de Tannhaeuser : nous la trouvons également en celui d'Elisabeth, et nous comprenons que Wagner, accusant les contrastes entre les deux aspects successifs de ce rôle, nous montre par là quelle signification sublime en reçoit l'intérieure unité.

VÉNUS. — Non moins audacieuse est la conception de Wagner, osant mettre à la scène, dans une œuvre tout imprégnée du souffle chrétien, des mœurs et des légendes du moyen âge, Vénus, en qui se personnifie le paganisme antique. Cette audace lui a été reprochée par quelques esprits timides ; pour nous, elle nous semble belle et nécessaire, et caractérisant à souhait le génie du musicien-poète. Même en se conformant aux données de la tradition, Wagner eût pu se borner à des récits, des indications poétiques, des suggestions musicales ; mais il a préféré nous montrer immédiatement, avec une force de réalisation surprenante, les délices païennes du Venusberg, faire visibles et tangibles le monde des anciens dieux, sa gloire, ses joies, sa beauté, ses séductions puissantes. Cet ensemble, il l'a projeté, hardiment, dans le monde de la grâce et de la foi — le monde d'Elisabeth. Il a dressé Vénus sur la scène, comme la reine éblouissante du désir et de l'erreur. Il a incarné, en deux femmes, les deux principes qui se disputent l'âme de Tannhaeuser, c'est-à-dire l'humanité. Toute explication devient inutile ; aucune abstraction ne nous est proposée : la passion seule occupe le théâtre.

Il ne serait pas sans intérêt d'examiner avec détail ce rôle de Vénus : Wagner y a su indiquer tout à la fois la déesse et la femme : la radieuse Beauté de l'Olympe païen s'y mêle à la Magicienne, à la Démone que redoute et fuit la piété du moyen âge, et aussi à l'Amante, tour à tour servie et délaissée. Mais l'analyse musicale de la première scène permettra mieux de suivre l'évolution dramatique de ce caractère. Observons seulement quelle heureuse symétrie (symétrie au sens large du mot, portant sur la signification plus que sur la longueur matérielle des scènes) Wagner a obtenue dans ce rôle de Vénus et dans le conflit entre la perdition et le salut.

Vénus est visible au premier acte, entourée de tous les prestiges du Venusberg : en ce même acte, immédiatement après le changement de tableau, nous voyons un chœur de pèlerins passer sur la scène, chantant la pénitence, le renoncement, la foi. Au troisième acte, les chœurs de pèlerins occuperont aussi la scène : ils chanteront la pénitence et la foi, et encore la religieuse allégresse du pardon ; Vénus réapparaîtra à son tour, vers la fin de cet acte, dans la nuit d'angoisses, entourée un instant des enchantements du Venusberg. Quant à l'acte central, le deuxième, nous y constatons aussi une intervention de Vénus, une sorte d'apparition invisible, pour ainsi parler, de la déesse : le retour des motifs de séduction et d'ivresse, après le premier chant de Wolfram, évoque Vénus à notre esprit, la fait comme présente aux côtés de son chevalier, qui, immobile, l'œil dilaté dans une étrange extase, est déjà tout en sa possession. De même, en cet acte, on entend sans le voir le chœur des jeunes pèlerins, passant non loin de la Wartburg, annonçant toujours le pardon à ceux qui croient et qui consentent à souffrir.

Il y a là une émouvante correspondance d'effets scéniques, poétiques et musicaux. Ce genre d'harmonies caractérise d'ailleurs toutes les œuvres de Wagner : des exemples probants s'en trouvent dans *l'Anneau du Nibelung, Tristan, les Maîtres Chanteurs, Parsifal.*

Pour ne parler que de *Lohengrin*, tous les spectateurs ont certainement observé les correspondances si belles établies par Wagner entre le premier acte et le deuxième tableau du troisième.

Cette lutte entre les deux mondes, si nettement marquée en chaque acte de l'œuvre par le poète-musicien, ce duel grandiose d'Elisabeth et de Vénus dans l'âme de Tannhaeuser, ne s'achève qu'avec le drame lui-même. C'est la Sainte, c'est la Morte qui triomphe. Alors seulement nous voyons le signe matériel du miracle : le bois desséché a refleuri aux mains du prêtre, les voix claires des jeunes pèlerins annoncent l'effusion de la miséricorde : « Criez par tous pays qu'il a trouvé grâce devant Dieu ! » Et, comme l'ouverture a donné déjà, à ceux qui savent écouter et comprendre, le sens général de l'œuvre, ce sens leur réapparaît en la scène finale, évoqué poétiquement et scéniquement par le pardon et la mort de Tannhaeuser, musicalement par le triomphe suprême du motif religieux. De même que, dans *Parsifal*, les Filles-Fleurs — c'est-à-dire la beauté, la séduction, l'éphémère splendeur des choses, « tout ce qui s'épanouit et bientôt se fane » — participent au pardon de Kundry, au refleurissement du monde sous la grâce du Vendredi Saint, de même, dans *Tannhaeuser*, le monde des sens est délivré par sa défaite. « Ainsi, a-t-on pu dire (1), la Nature sera tout entière bénie; le Venusberg désirera sa propre rédemption... La miséricorde octroyée au repentir soudain de Tannhaeuser descend sur tout ce qui souffre et désire, pour ramener toute créature à l'harmonie de l'amour, pour rendre à la beauté son caractère immortel et divin. Elisabeth n'a pas seulement triomphé de Vénus — elle l'a rachetée. »

WOLFRAM. — Il nous faut dire quelques mots du Wolfram de Wagner. Les renseignements que donnait l'Histoire sur le célèbre *minnesinger* n'étaient à peu près d'aucun secours pour le poète-musicien. Aussi, en cette figure de Wolfram d'Eschenbach, Wagner a fait une création nouvelle et très haute, encore que l'Erik du *Vaisseau-Fantôme* et le Don Ottavio de *Don Juan* aient pu lui en suggérer l'idée. Mais Wagner développe le caractère de Wolfram

____

(1) *L'Art de Richard Wagner : l'Œuvre poétique* (p. 370.)

beaucoup plus que celui d'Erik : il lui donne la générosité, la grandeur d'âme, le renoncement héroïque. On conçoit, puisque Wolfram ne pouvait être le personnage essentiel de Tannhaeuser, que Wagner se soit souvenu plus tard de cette situation dramatique : la vertu, l'abnégation du généreux ami de Tannhaeuser devaient trouver place, un jour, au centre d'une œuvre toute différente. Wolfram, dans la série des drames wagnériens, annonce et prépare le Hans Sachs des *Maîtres Chanteurs*.

Ce n'est pas la moindre innovation contenue dans *Tannhaeuser* que cette transformation complète d'un rôle dramatique presque toujours dépourvu d'intérêt réel, l'amant délaissé, et la substitution, à un type conventionnel, d'une grande et originale figure dramatique. L'amour qu'il voue à Elisabeth, l'amitié qu'il porte à Tannhaeuser, c'est là tout Wolfram : il souffre en cet amour comme en cette amitié, mais il demeure fidèle, malgré sa souffrance, à son double dévouement. Nulle bienvenue n'est plus cordiale que celle dont il salue son rival au premier acte ; nulle adoration plus chaste, plus fervente et plus aimante que la sienne ne pourrait monter vers Elisabeth, la reine de sa pensée, et ses deux chants de concours en donnent la religieuse expression. C'est par amour qu'il renonce ; en récompense, il sera le collaborateur d'Elisabeth dans l'œuvre de rédemption. Son renoncement muet s'unit à la prière mortuaire de la Sainte ; indéfectible en son amitié, il accueille le pécheur maudit ; c'est lui qui jette aux ténèbres le nom libérateur d'Elisabeth, et c'est lui qui le premier comprend que Tannhaeuser est sauvé. On pourrait nommer Wolfram « le croisé de l'amour pur », parce que ce titre exprimerait assez bien son inébranlable foi religieuse, sa grande tendresse, tout ce que son être moral a de noble et de fort. Car l'interprète se doit bien garder de faire de Wolfram un chanteur de romances, un soupirant sans énergie : Wolfram est une mâle et haute figure dramatique, héroïque à sa manière, digne de travailler au salut du pécheur, digne de comprendre Elisabeth, digne de l'aimer.

Le Landgraf. — Hermann, landgraf de Thuringe, n'est pas, dans *Tannhaeuser*, un de ces rôles sacrifiés comme l'on en voit tant aux opéras ordinaires. Ce n'est pas non plus un de ces personnages, rois, chefs ou princes, dont le geste et le parler ont toujours une solennité de convention. C'est une belle, une imposante figure, très humaine cependant, et proche de celle du Roi Henri l'Oiseleur, dans *Lohengrin*.

Accueillant pour Tannhaeuser au premier acte, il est ému, paternel, dans la courte scène avec Elisabeth, au deuxième acte, et montre en cette scène la plus délicate bonté. Son discours à ses invités et aux *minnesinger*, dans la grande salle de la Wartburg, doit être plein de courtoisie comme de grandeur, s'échauffer d'orgueil national et féodal, et pourtant conserver la majestueuse élégance qui convient aux paroles d'un protecteur des arts, rendant au talent des poètes, des chanteurs d'amour, l'hommage public le plus envié. Une autorité souveraine doit s'accuser en son intervention pendant la joute, et surtout après l'unanime explosion de colère et après l'intercession d'Elisabeth, lorsqu'il indique la seule voie de salut ouverte à Tannhaeuser, l'expiation, le pèlerinage à Rome. Ce personnage du landgraf, de puissante stature, qui domine fortement — Wolfram mis à part — tout le groupe des chevaliers, est indispensable à l'équilibre de l'œuvre comme à son explication scénique.

Ces chevaliers eux-mêmes, les interprètes leur doivent donner des physionomies très distinctes, ou plutôt traduire, en chacun d'eux, l'individualité que Wagner exige pour ses moindres personnages. Deux surtout, Walther et Biterolf, présentent des caractères très précis, visibles dès leurs répliques initiales, au deuxième tableau du premier acte. On sait d'ailleurs que Biterolf intervient au deuxième acte, dans « la Guerre des chanteurs », d'une façon très significative. Ainsi Wagner ne sacrifie aucune figure de l'harmonieux ensemble qu'il conçoit, et sait faire concourir le caractère particulier de chacune d'elles à l'intérêt supérieur des figures dominantes, à la valeur humaine des situations, à l'expression définitive du drame entier.

III

Mise en scène et Plastique

———

Les pages qui précèdent démontrent — et l'étude musicale qui suit démontrera également — au lecteur familiarisé avec les drames lyriques de Wagner, que *Tannhaeuser* contient en germe, de la manière la plus nette, la plus décisive, une foule de beautés et d'innovations qui se développent dans les ouvrages ultér: urs du maître. Il nous sera permis d'insister un peu sur la mise en scène et la plastique (gestes, attitudes, groupements), ces éléments expressifs étant d'une importance caractéristique dans l'art de Richard Wagner. Les observations très résumées que l'on trouvera ici se rapportent à l'admirable mise en scène réalisée à Bayreuth en 1891 et les années suivantes par Madame Wagner, mise en scène conforme aux intentions du musicien-poète, et que la direction de l'Opéra, nous n'en doutons point, se fera assurément honneur de reproduire à Paris.

La seule objection que l'on pourrait adresser à la bacchanale du Venusberg (et cette objection est encore une façon d'éloge), c'est que la conception de Wagner dépasse en quelque points les moyens actuels de réalisation scénique : à une telle fougue d'action, à une telle splendeur plastique, les possibilités matérielles du théâtre ne peuvent encore atteindre qu'imparfaitement. Mais, telle quelle, cette grande scène de pantomime, si puissamment mouvementée, accompagnée par une symphonie prodigieuse, est à coup sûr une innovation de la plus magnifique richesse. Elle diffère essentiellement du ballet ordinaire, tant par le caractère de la musique qui s'y incorpore et en décuple l'intensité de signification que par les caractères de sa chorégraphie. Rythmes, groupements, évolutions, tout doit y échapper à la convention habituelle du ballet d'opéra, et tendre à une restitution nouvelle des danses antiques, voluptueuses, emportées, avec leur délire dionysiaque, leur fureur et leur joie. Enfin, cette scène muette, si active, est le plus vivant des tableaux; elle nous montre, avec la plus remarquable énergie de lignes, de couleurs et de mouvements, et de manière à rendre toutes explications superflues, le Venusberg, l'empire de Vénus, à la fois délicieux et maudit, le séjour choisi par Tannhaeuser, habité par Tannhaeuser, et dont Tannhaeuser pourtant va s'arracher. Cette débordante expansion musicale et mimique, diaprée de toutes les féeries du décor, contraste avec l'immobilité prolongée du héros principal, comme endormi aux genoux de Vénus, et ce long silence des voix rendra plus saisissants encore les premiers mots qui tout à l'heure s'éveilleront aux lèvres de Tannhaeuser, invinciblement repris par le souvenir des cloches matinales et des prairies en fleurs.

Déjà, dans *le Vaisseau-Fantôme*, Wagner avait osé demander à ses personnages, à côté de vives actions mimiques, violentes même, une immobilité que nul dramaturge avant lui n'exigea — immobilité plus puissante d'expression que n'importe quel mouvement. Pour audacieuse que soit, à ce point de vue, l'extase de Senta dans *le Vaisseau-Fantôme*, l'immobilité de Tannhaeuser au changement de tableau du premier acte l'est peut-être davantage encore. Au cri : « Mon salut n'est qu'en Marie ! » l'ombre se fait, le Venusberg s'effondre, et, la lumière reparaissant à flots, Tannhaeuser se trouve seul, debout, sans avoir bougé de place, dans le val de la Wartburg, vert et fleuri sous le ciel bleu. Il est là, comme foudroyé par le miracle, inconscient, extatique, et cependant le pâtre chante, les clochettes des troupeaux tintent au loin, des pèlerins traversent lentement le vallon, des cantiques de pénitence et de pardon retentissent. Il comprend enfin, ses mains tremblent, son corps fléchit ; les yeux brusquement envahis de larmes, il chancelle, il s'abat, avec un cri de reconnaissance éperdue : « Dieu tout-puissant ! les merveilles de ta grâce sont infinies ! ».

N'y aurait-il dans *Tannhaeuser* que cette géniale audace d'une immobilité stricte prolongée pendant plusieurs minutes, indiquant une stupeur de tout l'être, une véritable extase, avec la complète fixité du regard et du geste, ce drame mériterait, au point de vue mimique, de retenir très particulièrement l'attention. Mais à chaque instant des beautés neuves se manifestent : la musique pénètre en quelque façon le décor : attitudes, groupements, actions, tout s'ordonne en de suggestives harmonies : dans tel aspect de la mise en scène, une situation morale achève de s'exprimer, avec une plénitude directe qui rend la parole inutile. Combien, par exemple, est émouvant l'effet qui suit l'immobilité *prolongée de Tannhaeu*-ser : l'immense scène vide, la paix et la magnificence du printemps seules présentes, avec ce pécheur en larmes, cette pauvre forme humaine, étendue sans mouvement sur la terre, tache noire — si petite, et si grande — dans la solennité douce de la nature. Plus un geste, plus une parole ; la symphonie elle-même s'évapore : à peine, dans l'orchestre, tel un écho qui s'efface, les altos murmurent les dernières notes du cantique des pèlerins, et, tout là-bas, venant des bois profonds un appel lointain de cor annonce la chasse qui approche...

Comment ne pas signaler, au deuxième acte, après le duo entre Elisabeth et Tannhaeuser, le lent et gracieux jeu de scène de la princesse, adressant de la tête un salut au chevalier qui s'en va par la cour du château, tandis que la clarinette reprend la belle phrase expressive qui servit de thème initial à leur dialogue ? Les entrées de seigneurs et de dames qui se succèdent pendant le déroulement de la grande marche avec chœurs présentent un tableau scénique des mieux conduits. Après l'hymne de Tannhaeuser à Vénus, la fuite épouvantée des femmes, cependant qu'Elisabeth demeure seule, pâle, presque défaillante, appuyée au dais du trône, est un de ces terrifiants effets où le génie dramatique de Wagner excelle. L'attitude de Tannhaeuser, dans une sinistre extase d'orgueil et de luxure, puis l'intercession d'Elisabeth s'élançant entre lui et les autres chevaliers, autant d'effets simples et puissants. Ce deuxième acte, parfois si mal compris, si riche pourtant de créations drama-tiques supérieures, s'achève par la mimique poignante de Tann-haeuser partant pour Rome, se jetant aux pieds d'Elisabeth, et baisant avec transport la frange de sa robe virginale.

Au troisième acte, il nous faut choisir parmi les beautés — aussi nombreuses, aussi fortes, sinon plus, qu'aux actes précédents — de peur de trop étendre cette analyse. Jamais sans doute on n'a poussé plus loin l'art de préparer l'impression du décor, de la saison, de l'heure, par la force expressive de la musique, l'art de tout disposer pour que le spectateur se mette en harmonie, dès avant le lever du rideau, avec le « moment dramatique » de l'action qui va se développer devant lui. Et, d'autre part, jamais le tableau réalisé par la mise en scène, les premières et caractéristiques attitudes des personnages, les paroles, les silences mêmes, ne s'associèrent plus intimement pour émouvoir ce spectateur et l'élever jusqu'à la sublime pensée du maitre. C'est une belle conception décorative que la reproduction fidèle, au troisième acte, du paysage déjà vu au deuxième tableau du premier acte, si joyeux alors sous la fraicheur de l'aube et du printemps, si mélancolique maintenant, avec les tons fanés de l'automne, sous la tombée du crépuscule. La réponse muette d'Elisabeth au discret dévouement de Wolfram, après la prière où elle offre sa vie, et son lent départ pour la Wartburg, dans la nuit qui devient plus obscure, constituent le premier de ces mimodrames fréquents dans les œuvres du poète-musicien, et dont la dernière scène de *la Walkyrie* présente l'un des plus admirables exemples. Enfin le suprême effet de scène, le groupement des chœurs autour du cercueil d'Elisabeth et de Tannhaeuser expiré, tandis que les jeunes pèlerins élèvent la crosse parée de miraculeuses verdures, que s'éteignent les derniers flambeaux du cortège funèbre, que la Wartburg reparait toute blanche sur la montagne, et que triomphe l'aurore bénie de la miséricorde, n'est dépassé par aucun autre dans le théâtre de Wagner.

IV

Tannhaeuser et les autres Drames
de Wagner

Tannhaeuser paraît sur la première scène lyrique française après *Lohengrin* et après *la Walkyrie*. Divers motifs expliquent, justifient même cette dérogation à l'ordre chronologique. Sans les exposer ici, observons seulement que *Tannhaeuser* remplace sur les affiches de l'Opéra un autre chef-d'œuvre, dont il avait été précédemment question, *Tristan et Iseult*.

Cette substitution doit sembler heureuse, dans les circonstances présentes, à tous les musiciens, à tous les artistes — à ceux-là surtout qui professent pour *Tristan* une admiration passionnée. Mais il faut dissiper les malentendus artistiques qui peuvent naître à ce propos. Il n'est pas impossible en effet qu'une fraction du public, après avoir salué de ses applaudissements, dans *la Walkyrie*, ce qu'on appelle très improprement « la troisième manière » du poète-musicien, s'étonne de trouver dans *Tannhaeuser* certaines formes musicales moins neuves, moins « avancées », et ne prenne ce puissant drame lyrique pour un opéra ordinaire.

Tout d'abord, quelques mots sur ces trois « manières » que l'on attribue à Wagner, catégories artificielles, divisions fictives, malheureusement propices aux jugements prématurés. On a dit et écrit, il n'y a pas encore bien longtemps, que Wagner, en ses dernières années, reniait *Tannhaeuser* et *Lohengrin*; on a déploré de voir ces deux chefs-d'œuvre joués à Bayreuth, la scène unique, consacrée par les religieuses splendeurs de *Parsifal*. Pour en revenir à l'Opéra, quelques personnes interprètent peut-être comme un « recul » la représentation parisienne de *Tannhaeuser*...

La vérité toute simple est que les œuvres dramatiques de Wagner forment une série continue, et ne sauraient se répartir arbitrairement en trois classes. La seule séparation que l'on puisse nettement indiquer correspond aux années 1848-1849 ; mais la crise que traversa l'esprit de Wagner en ces années, si elle le contraignit de tirer au clair l'essence et les conditions du problème qu'il s'était posé, ne changea pas sa nature d'artiste. Wagner prend conscience de ce problème, des termes exacts qui le définissent, et des moyens qui doivent en donner la solution : ses idées se fixent ; il les expose, magistralement, en des pages éloquentes et lucides, *l'Œuvre d'Art de l'avenir*, *l'Art et la Révolution*, *Opéra et Drame*. Il raconte aux élites — en réalité se parlant à lui-même, car nul alors n'était apte à le bien comprendre — l'évolution du drame lyrique ; il dit ce que peut être l'œuvre d'art future (concevable dès maintenant, réalisable un jour), bien plutôt qu'il n'explique les lois de sa propre production individuelle. *Tannhaeuser* et *Lohengrin* sont antérieurs, il est vrai, à la date où ce travail intellectuel s'opère ; mais les intuitions de l'artiste nous apparaissent également profondes et sûres, avant et après cette date ; et c'est aux douloureuses années de Dresde, avant la révolution et l'exil, que naît en son esprit l'idée première d'où sortira plus tard *l'Anneau du Nibelung*.

Nous avons nommé les œuvres théoriques. Les réflexions d'où elles sont issues devaient évidemment entraîner dans les drames eux-mêmes un grand nombre de conséquences. Le style de Wagner subit donc alors un certain ensemble de modifications : la série des partitions nouvelles, *l'Or du Rhin*, *la Walkyrie*, *Siegfried*, *Tristan*, etc., prouvera bien que la question est définitivement élucidée dans l'intelligence du maître ; mais Wagner, comme tempérament d'artiste, comme génie intime de poète et de musicien, sera désormais ce qu'il était naguère. En ses premiers ouvrages ainsi qu'en ses derniers, il réalise toujours, quelles que soient les formes extérieures de son poème et de sa musique, l'essentielle correspondance de ce poème et de cette musique. Et c'est là, vraiment, la loi fondamentale de son art.

Toutes les œuvres de Wagner sont à la fois unes et différentes : différentes, parce que chacune d'elles répond à un cas distinct du problème artistique non moins qu'à un particulier état d'esprit de l'auteur, et, comme telle, veut sa beauté spéciale; unes, parce que dans toutes, l'émotion poétique concentre, précise et dirige l'émotion musicale, parce que la nature de Wagner s'y révèle identique à elle-même, dans son tréfonds, quelle que soit l'œuvre considérée. Et l'unité se manifeste encore en ceci : dans les poèmes, l'idée de l'amour qui sauve se dégage toujours de conflits dramatiques entre des personnages pleins d'humaine vérité; dans la musique, malgré la diversité des styles, les mêmes formes musicales simples se retrouvent toujours, directement et spontanément créées.

Wagner, lui, n'a cessé de considérer *Tannhaeuser* comme une des œuvres où il avait le plus résolument abordé le drame humain, le drame des cœurs. Il priait qu'on voulût bien ne pas y voir un « opéra ». Il a dit lui-même cette parole typique, citée par M. Chamberlain, qu'en écrivant *Tannhaeuser*, il écrivit, au point de vue de l'opéra, « son arrêt de mort ». Jamais œuvre ne fut composée avec une sincérité plus ardente, un mépris plus complet de tout ce qui n'était pas la vérité du sentiment, la chaleur de l'action, la palpitante réalité des âmes, la foi du poète en leur douleur et leur amour.

Dans une lettre à Mme Wille (datée de Starnberg, 26 mai 1864) Wagner nomme *Tannhaeuser* « l'œuvre par laquelle j'inaugurai ma voie nouvelle, si pleine d'épines ». Il fait allusion, en cette même lettre, à « la prodigieuse force créatrice » qui se manifesta en lui à cette époque, et dont *Tannhaeuser* fut le déchaînement initial, si bien qu'il conçut en même temps le plan de *Lohengrin* et celui des *Maîtres Chanteurs*. Qu'on cesse donc de nous représenter cette œuvre, tout éclatante de génie, comme une partition « en retard », que Wagner aurait reniée par la suite ! La lettre que nous venons de citer est écrite après l'achèvement de *l'Or du Rhin*, de *la Walkyrie*, de *Tristan*, une année avant les représentations de *Tristan* à Munich. M. Chamberlain, auquel il faut toujours revenir lorsqu'on touche à ces questions, rappelle avec raison que Wagner voulait faire représenter *Tannhaeuser* à Bayreuth. C'était cette œuvre, jaillie du plus intime de son cœur, qui, dans sa pensée, devait succéder sur la scène de Bayreuth, en 1880, à *l'Anneau du Nibelung*, joué en 1876. L'échec financier des premières souscriptions pour l'œuvre de Bayreuth ne permit pas à ce projet d'aboutir ; mais il n'était qu'ajourné, et, en 1882, pendant les répétitions de *Parsifal*, le maître, désignant une des « Filles-Fleurs » qui manifestait, dans une certaine mesure, quelques-unes des qualités propres au personnage d'Elisabeth, s'écria tout à coup : « C'est à une jeune fille comme celle-là que je ferai chanter Elisabeth ici ! » Ces témoignages, groupés par le savant commentateur de la manière la plus probante, sont corroborés par le texte même de Wagner. (*Gesammelte Schriften*, t. X. p. 25) : du reste, les *Souvenirs sur Schnorr*, par les remarques que Wagner fait au sujet de l'interprétation du rôle principal, montrent combien cette création dramatique lui demeurait chère. En pouvait-il être autrement, si l'on songe que jamais il n'éprouva un enthousiasme plus grand, moralement plus tragique, qu'en écrivant ce *Tannhaeuser* dont certains « avancés » d'aujourd'hui affectent de sourire ? dans *Une communication à mes amis*, Wagner raconte que pendant cette composition fiévreuse de *Tannhaeuser*, une obsession l'étreignait, l'angoisse d'une mort soudaine qui le frapperait avant qu'il eût fini son œuvre !

Analysant les rôles dominants de *Tannhaeuser*, nous avons indiqué plusieurs points de contact entre tel personnage de ce drame et les héros des drames précédents ou suivants. Ces ressemblances, voire ces filiations directes, pourraient être aisément étendues, et toujours justifiées par des textes. De plus, par les éléments musicaux qui y figurent, *Tannhaeuser* se rattache aux autres drames de Wagner et tout spécialement à *Parsifal*.

Réservant pour l'étude thématique de la musique la constatation d'un certain nombre d'analogies, nous nous bornerons à quelques remarques, remarques générales, supérieures au détail des textes. Le désir qui s'incarne en Tannhaeuser, désir contradictoire, inassouvible, que la mort seule libère de sa souffrance comme de son illusion, nous le retrouverons, moins fougueux, plus méditatif, caractérisé de toute autre façon, mais pareillement intense et tragique, dans l'âme de Tristan. Quelque chose en survit encore dans l'inexprimable détresse d'Amfortas, et même dans la double existence de Kundry, Kundry la pécheresse, tour à tour esclave de l'enfer et servante des élus, et qui meurt pénitente, bienheureuse, en l'extase du pardon. Si nous touchons au symbolisme dramatique de l'œuvre — symbolisme qui ne s'égare point en des allégories, mais qui s'ajoute sans effort à la poignante humanité des personnages et des situations — nous apercevrons des analogies nouvelles. L'opposition du Venusberg, où règne la déesse des séductions maudites, et de la Wartburg, la Cité de Dieu, où vit Elisabeth, n'est-elle pas encore sensible dans *Parsifal*, entre le domaine de Klingsor, château des noirs prestiges, jardins ensorcelants des Filles-Fleurs, et la Gralsburg, Montsalvat, le temple de la grâce, la demeure du salut ?

Il n'est pas nécessaire de poursuire ces parallèles, d'insister sur des correspondances que l'auditeur doit sentir sans explications préalables. Qu'elle soit écoutée et regardée à la scène, qu'elle soit étudiée et analysée à la lecture, l'œuvre qui nous occupe est bien l'œuvre décisive, la création hardie, enthousiaste, par laquelle Wagner, agrandissant, transformant les conquêtes déjà réalisées dans *le Vaisseau-Fantôme*, brisa toutes les chaînes qui meurtrissaient son génie, signa, au point de vue de l'opéra, « son arrêt de mort » et résolument inaugura le Drame nouveau. Ce Drame nouveau, il se manifeste avec éclat dans *Tannhaeuser*, il apparaît à chaque scène, pour qui veut comprendre, pour qui ne s'attache pas servilement à la forme extérieure, à la coupe musicale d'un morceau.

Un point encore doit être précisé, avant de passer à l'analyse de la musique. Dans quelle mesure *Tannhaeuser* présente-t-il les formes du Drame lyrique wagnérien (tel que les dernières œuvres nous permettent de le juger) et dans quelle mesure conserve-t-il, en apparence, les formes habituelles de l'opéra ?

D'une manière absolue, Richard Wagner n'a proscrit de son théâtre aucune forme musicale. Il a seulement montré, par des raisonnements d'une rigueur frappante et surtout par des exemples de la plus grande beauté, la nécessité pour le poète et le musicien de se soustraire à la convention des formes en usage dans l'opéra. Il a prouvé que, le plus souvent, non seulement il est illogique de faire chanter deux personnages ensemble sur un même motif, mais encore que la musique dramatique, à s'affranchir de cette obligation, gagne singulièrement en liberté d'allures, en richesse thématique, en justesse et en valeur expressives. Il a effacé la distinction tranchée du récitatif ancien et de l'air, fait voir qu'entre ces deux types extrêmes toutes les formes intermédiaires devaient logiquement se présenter. Le drame seul a désormais déterminé la musique, dans sa forme extérieure, sa structure architecturale, son caractère et sa durée. En établissant cette souveraineté du poème dramatique, il a du même coup rendu à la musique sa véritable royauté propre; c'est-à-dire que d'une part il en a fait l'âme vivante du drame, son principe intérieur d'émotion et sa magie expressive, et que, d'autre part, supprimant les obligations conventionnelles de l'opéra, il lui a restitué toutes les ressources, toutes les splendeurs de la symphonie beethovénienne. Les formes musicales, dans ses œuvres, présentent une continuité inépuisablement riche : plus de temps d'arrêt dans l'action, plus de hors-d'œuvre musicaux, plus de virtuosités parasites, plus d'effets de concert, ni d'alternances artificielles et monotones entre des formules de convention, prévues, fastidieusement identiques à elles-mêmes, étroites, ne faisant pas corps avec le drame, et auxquelles, de gré ou de force, tous les sentiments, toutes les situations se devaient adapter. Désormais, la musique fait corps avec le poème; elle le suit dans tous ses mouvements, se plie sans effort à toutes ses intentions, et par là le transforme merveilleusement. Si la vraisemblance le veut, si la situation l'exige, les chœurs, fréquemment si absurdes dans l'opéra, pourront trouver place dans le drame lyrique wagnérien : qui ne se rappelle la saisissante polyphonie des filles de Wotan, au troisième acte de *la Walkyrie*, ou le double chœur, si scénique, si libre, si réaliste d'effet, que provoque l'arrivée du Chevalier au Cygne, dans *Lohengrin ? Les Maîtres Chanteurs* renferment des chœurs nombreux, des ensembles où le chant du soliste s'ajoute aux masses chorales, un quintette délicieusement écrit pour les voix ; *l'Or du Rhin* a les trios des ondines ; un trio du même genre, et un autre, tout dramatique par contre, se trouvent dans *le Crépuscule des dieux* ; *Parsifal* nous offre des chœurs absolument réguliers de forme, dont certains sont même d'une grande simplicité. Et toujours la situation amène ces formes avec tant de logique, leur donne une convenance scénique et musicale si juste, qu'elles apparaissent comme des moyens d'expression naturels, on pourrait dire nécessaires.

Les critiques qui regrettent de trouver dans *Tannhaeuser* les formes habituelles de l'opéra feraient bien tout d'abord de ne pas oublier ce point. De plus, quantité de scènes, en cette œuvre extraordinaire, sont aussi « avancées » que les juges les plus difficiles peuvent le souhaiter. C'est par des pages comme le récit du voyage à Rome que Wagner a définitivement créé son drame lyrique, tout d'émotion et d'humaine vérité. Le troisième acte, d'ailleurs, dans son entier, est une des créations les plus puissantes du génie de Wagner ; les visiteurs de Bayreuth savent que l'impression dramatique et musicale de ce troisième acte, sur la scène illustrée par *l'Anneau du Nibelung*, *Parsifal* et *Tristan*, était égale aux plus grandes, aux plus poignantes qu'ils eussent jamais ressenties. Elle avait même son intensité toute spéciale, une plénitude unique de violence tragique et d'extase.

Mais ces formes anciennes, qu'on rencontre surtout dans les deux premiers actes, sont élargies, modifiées, vivifiées tout au moins, d'un mot, employées avec une telle intelligence musicale et une telle justesse d'expression, une telle propriété scénique, qu'elles aussi doivent commander l'admiration. Rien qui résulte de la convention, rien qui ne corresponde à une idée, à un sentiment, à un fait — depuis la forme arpégée de l'accompagnement pendant le concours des chevaliers-poètes (qui sont censés jouer de la harpe), jusqu'aux retours et répétitions de motifs, indiquant qu'un sentiment déterminé, affirmé une première fois, reparaît et s'impose aux autres éléments émotionnels.

Le *leitmotiv* — motif typique, motif plastique, conducteur ou caractéristique — important déjà dans *le Vaisseau-Fantôme*, joue un rôle considérable dans *Tannhaeuser*. Quelquefois, ce n'est encore que le « rappel d'idées », le retour (tel un souvenir précis) d'un thème ou d'un effet préalablement entendu et dont le sens fut déterminé par des paroles, une mimique ou une situation. Ainsi avait fait Weber, pour ne citer qu'un seul des prédécesseurs du maître. Mais outre ce « rappel d'idées », ces « motifs de réminiscence », nous trouvons déjà dans *Tannhaeuser* l'indication du véritable *leitmotiv*, c'est-à-dire d'un motif expressif et caractéristique, mais transformable, donnant naissance à de nouveaux motifs, capable, en son évolution musicale, de suggérer des émotions et des idées que la parole ne peut ou ne doit dire (1). Ces *leitmotive* font comprendre à l'auditeur, d'une manière directe, toute spontanée et intuitive, sans nécessité d'explication, l'intime psychologie des personnages. De plus, ils donnent à chaque scène son unité spéciale, son développement symphonique, unité et développement qu'on peut étendre aux actes et même à l'œuvre entière ; cette œuvre devient ainsi une vaste symphonie, de signification poétique très humaine, précisée à chaque instant sur la scène par les réalisations actives du drame, et gardant néanmoins une valeur d'art toute générale.

(1) A ce propos, et avant de passer au *Guide thématique*, répétons une fois de plus que Wagner n'a jamais prêté à la musique des significations concrètes, particulières ; elle ne saurait les acquérir que par association à un drame précis, et dans les conditions spéciales qui sont propres à ce drame. Nous ne donnons aux motifs des *noms* que pour les distinguer entre eux. Ce ne sont là que des désignations, les précisant en vue de la clarté nécessaire à l'analyse.

DEUXIEME PARTIE

—

LA MUSIQUE

ANALYSE MUSICALE

ET

GUIDE THÉMATIQUE

OUVERTURE [1]

L'ouverture de *Tannhaeuser* commence par un thème lent et solennel. C'est le Motif religieux ou Motif de la Foi (1), le cantique des pèlerins revenus de Rome. Il est exposé principalement par les cors. Sa phrase initiale présente des caractères très nets de simplicité et d'affirmation; elle est en effet établie, au début, sur les degrés de l'accord parfait du ton (*mi* majeur), et son premier accent rythmique, particulièrement accusé, porte sur la tonique elle-même. Par le choix des instruments, par la progression des sonorités dans la répétition ultérieure du motif et le *decrescendo* qui en amène ensuite la disparition, Wagner a voulu évoquer, au point de vue pittoresque, le chant et le passage des pèlerins, au soir, tels qu'ils se produiront au troisième acte du drame.

(1) L'orchestre de *Tannhaeuser* se compose, outre le quatuor à cordes ordinaire et les contrebasses (8 au maximum), de 3 grandes flûtes, 1 petite flûte, 2 hautbois, 2 clarinettes, 1 clarinette-basse, 2 bassons, 2 cors simples, 2 cors à pistons, 3 trompettes, 3 trombones, 1 bass-tuba, 3 timbales, 1 triangle, 1 paire de cymbales, 1 tambour de basque, 1 grosse caisse, 1 tam-tam. 2 harpes ; de plus, sur le théâtre, Wagner veut 1 cor anglais, 2 petites flûtes, 4 grandes flûtes, 4 hautbois, 6 clarinettes, 4 bassons, 12 cors, 12 trompettes, 4 trombones, 1 paire de cymbales, 1 triangle, 1 paire de castagnettes, 1 tambour de basque et 1 harpe.

A ce motif, composé de deux membres de phrase, succède, exposé par les instruments à cordes (les violoncelles d'abord, puis les violons), un second thème, également relatif au monde religieux, mais de caractère différent. Ce motif exprime l'aspiration au salut par la pénitence : une descente de la mélodie par degrés chromatiques le caractérise essentiellement ; et ce mouvement mélodique, d'une plainte si recueillie, d'une humilité si pénétrante, est précédé presque toujours par un saut ascendant d'octave, sorte de port de voix intrumental du plus bel élan expressif. Nous désignons ce thème, où se manifestent des sentiments de componction et de repentir, par le nom de MOTIF DE LA CONTRITION (2) (1).

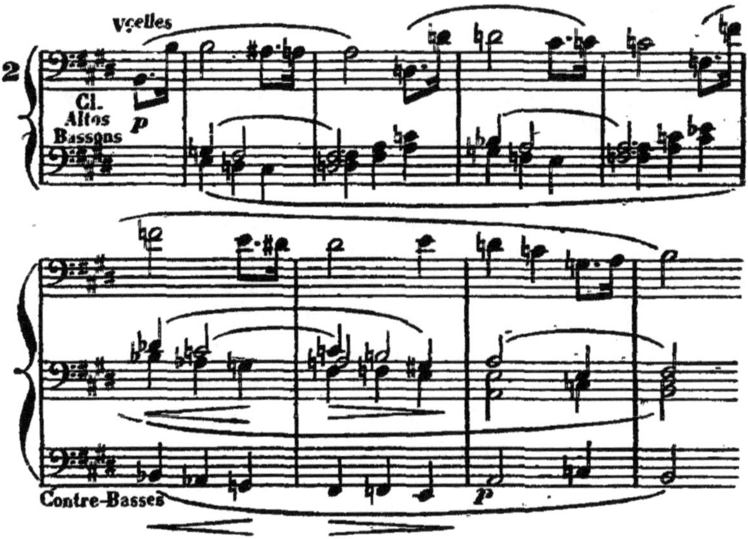

Ce nouvel élément thématique, progressant sur une succession

(1) Le rythme initial du motif 2 est emprunté à la deuxième phrase du thème 1, phrase non citée sur l'exemple.

En étudiant ces motifs et les membres de phrase qui les composent, on remarque que leur ensemble présente, dans la structure mélodique, un resserrement progressif des intervalles : le motif 1 débute par la quarte et la tierce, que suivent des degrés conjoints ; son deuxième membre de phrase (non cité) ne procède plus que par degrés diatoniques conjoints ; et la troisième phrase (motif 2) procède surtout par degrés chromatiques.

d'harmonies remarquables par de curieux enchainements d'accords consonants, se répète par imitations rythmiques. Un conduit mélodique de forme très solennelle, posé par le groupe des instruments à vent, soutenu par des triolets fortement appuyés, ramène, en un puissant *crescendo*, le motif **1**, lequel s'affirme aux voix éclatantes des cuivres, tandis que les violons dessinent une figure d'accompagnement rapide et saccadée, exprimant une joie exultante. On peut appeler cette figure le Motif de Jubilation (**3**).

Le motif **2** revient, dans la décroissance générale des sonorités, alternant avec le motif **3** qui s'atténue également; puis on entend le motif **1**, le cantique de foi, dans sa simplicité première, sans nulle figure accompagnante qui soit accessoire à son harmonie propre. Il s'en va, de plus en plus effacé : il semble que les pèlerins s'éloignent, que la voix auguste de la croyance s'assourdisse peu à peu, voilée par la distance, dans une obscurité plus profonde... Et en effet, tandis que le motif religieux, *pianissimo*, s'éteint, interrompu, sur un accord de septième diminuée, cet accord se décompose soudain en une étrange figure mélodique, trouble, insinuante, vivement arpégée par les altos sur un rythme caractéristique. Ce thème glisse comme une ronde enlaçante, une danse rapide de formes, qui passent, dans une fusée de magiques lueurs; c'est le Motif typique du Venusberg (**4**). Il en signifiera les apparitions, la séduction charnelle, vertige trompeur et charmeur, qui se retrouvera aux danses des bacchantes et des nymphes, aux enchantements de Vénus, vivante illusion de tous les infernaux prestiges. La vive montée de ce motif aux altos éveille à l'instant même, dans les hauteurs de l'instrumentation, un second motif du Venusberg, dessiné par les flûtes sur les harmonies des hautbois et de la cla-

rinette — dessin mélodique et harmonies que doublent de frémissements rapides les premiers et seconds violons divisés. Ce motif,
remarquable par son rythme initial et la descente chromatique de
la mélodie, résumera bientôt le triomphe des sens, le délire des
voluptés, tandis que le premier correspond plutôt à une tentation,
un entraînement vers le plaisir. Ce deuxième motif (5 a) a donc pu
être justement dénommé *thème de l'orgie, thème de la bacchanale*:
dans un sens moins limité, il désigne l'IVRESSE DU VENUSBERG.

Un tremolendo très serré et un trille ascendant des violons amènent
l'entrée d'un motif nouveau, plus rythmique que mélodique, appel
aux insistances brèves, pressées, et qui est l'un des motifs de la
bacchanale (5 b): ce rythme se modifie par subdivision des valeurs,
et donne une nouvelle forme (5 c) plus insistante encore, plus
redoublée en sa hâte.

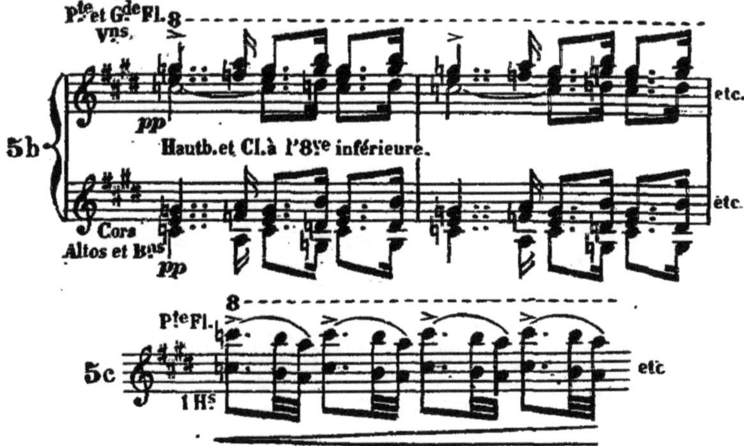

Vient ensuite — après un conduit mélodique qui dérive de **5 c** et qui n'est autre que la première esquisse d'un motif qui paraîtra bientôt (**5 e**) — un autre élément thématique, *l'appel des nymphes* (**5 d**), posé par les instruments à vent sur les arpèges des cordes ; puis

enfin le motif **5 a**, qui est, après le motif **4**, le plus important de tous ceux qui se rattachent au Venusberg. Seulement, il prend ici sa terminaison définitive :

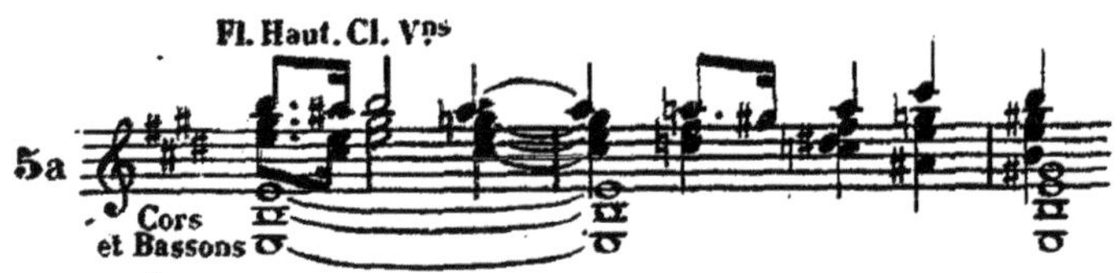

Après répétition de ces divers motifs, retour et développement du motif typique du Venusberg (4), un thème se dégage encore, qui dérive surtout des motifs **5 e** et **5 c** ; c'est une séduction fiévreuse, qui appelle et entraîne, elle aussi, ardente comme une étreinte (**5 e**) :

La tonalité s'oriente alors vers la dominante du ton de *mi*
majeur : le motif **5 e**, fragmenté, rappelant à la fin le motif **5 c**,
entraîne l'orchestre, sur une série d'accords de septième et de
neuvième ; d'un grand trait tourbillonnant des cordes, jaillit l'Hymne
a Vénus (**6**), lancé simultanément par une partie des bois et par les
violons, et soutenu par l'ensemble de l'orchestre.

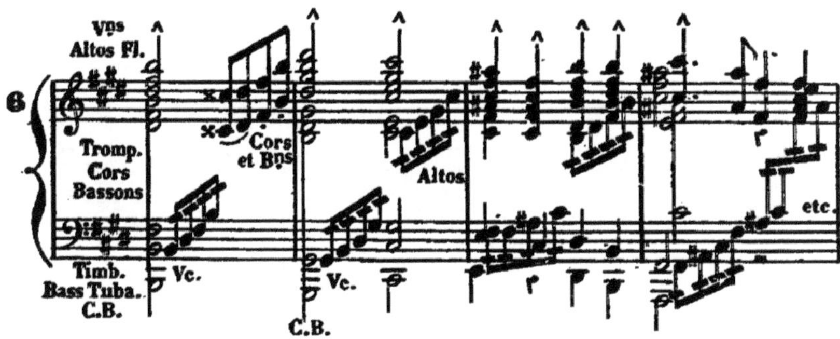

Ce thème est celui-là même que Tannhaeuser chante au premier
tableau du premier acte : ici, il signifie l'entrée du chevalier-poète
au Venusberg, l'enthousiasme lyrique — on pourrait dire héroïque
— du désir humain marchant à la conquête du bonheur et voyant
resplendir la Beauté. Étincelante, la strophe éclate, comme *taillée
à arêtes vives* dans le ton si coloré de la dominante (*si* majeur),
suivant l'heureuse expression de Liszt.

L'hymne à Vénus déchaîne la bacchanale avec une violence nouvelle. Le *tutti* de l'orchestre (moins cependant les trompettes, les
trombones et les cymbales) se rue sur le principal motif de cette
bacchanale, le thème d'ivresse et d'orgiaques délices (**5 a**) : aux
profondeurs retentit la sonorité du bass-tuba, qui s'élève, menaçante,
par tierces mineures. Puis les motifs se superposent (**4 et 5 d**), se
succèdent (**5 b**, **5 c** et **5 e** transformé) ; un enchaînement harmonique,
pareil à celui qui précède l'apparition du thème **6**, amène, *pianissimo*
cette fois, une mélodie nouvelle, le chant de Vénus (le même qu'au
premier acte), exposé, dans le ton de *sol* majeur, par le timbre
féminin de la clarinette *solo*. C'est la phrase typique de la déesse,
phrase que nous dénommerons la Séduction de Vénus (**7**) :

Ce chant est formé de divers éléments mélodiques, dont les deux premiers (a et b) sont les plus significatifs. Il est accompagné par un tremolendo à l'aigu des violons avec sourdines, divisés en huit parties d'égale force, mais formant en réalité une harmonie à quatre parties, dont les troubles accords — où les degrés naturels du ton s'altèrent presque immédiatement — seront analysés plus loin, lorsque ce chant reviendra à la voix (Acte Ier, 1er tableau, scène II). Un dessin y fait suite (c), dit par les premiers violons chargés de la partie supérieure : il dérive de l'élément b du motif, et se rapproche peu à peu, par une descente chromatique, des thèmes de la bacchanale (tout en s'enlaçant à une deuxième phrase, également chromatique, laquelle continue et achève le motif 7), tandis que le motif du Venusberg serpente sous le tremolendo des autres parties de violon.

Le chant de Vénus fait place au motif d'insistance passionnée, d'une volupté si intense, qui a été signalé plus haut (5 e). Pour la troisième fois, la succession et la cadence parfaite déjà indiquées se reproduisent, et l'hymne à Vénus retentit de nouveau, mais dans le ton principal (mi majeur); la bacchanale se déchaine encore, scandée de coups de cymbales et de roulements de tambourin, avec tous ses motifs, que traverse le motif typique du Venusberg (1); l'orgie des sens arrive à son comble, et ce paroxysme est surtout marqué par le motif 5 a qui éclate à l'aigu, dans un *fortissimo* terrible, sur les rugissements du bass-tuba. C'est un long écroulement de l'orchestre, où tous les motifs se perdent, absorbés par ce thème de vertige et de délire, qui lui-même se transforme, devient les gammes chromatiques descendantes, d'une exultation presque furieuse, dont est fait le motif de jubilation (3). Ce motif diminue bientôt de hauteur et de sonorité ; il erre aux violons, comme indécis, chargé de langueurs, de voluptés qui tendent à s'assoupir en une ombre mortelle ; mais très loin, au timbre mystérieux des cors (appuyés, comme au début de l'ouverture, par les clarinettes et les bassons), les premières notes du chant religieux (4) se font entendre... Lentement, le motif de foi se rapproche : ses lumineux accents, montant comme une clarté d'aurore, réveillent pour une joie meilleure les échos des motifs sensuels, qui frémissent toujours, dans les songes hallucinants du péché. A cette affirmation de foi, les voix du Venusberg tressaillent, s'exaltent peu à peu, saisies d'une espérance nouvelle. Le motif de contrition (2), dit par les violoncelles et les altos, — contrition toute confiante en la miséricorde — étonne sans doute les inquiétudes fiévreuses du désir, mais le monde des sens reconnait la parole qui doit le sauver ; malgré ses hésitations, ce monde cède à l'appel de la grâce : les voix confuses s'ordonnent, accompagnent plus franchement, plus généreusement, l'approche grandiose du cantique. Le thème religieux (4) se déploie enfin, en pleine lumière : resplendissant, il éclate, il tonne aux voix souve-

(1) C'est par ce passage que l'ouverture s'enchaine à la bacchanale symphonique et pantomimique du premier acte, lorsque l'on procède en cet instant au lever du rideau, comme cela s'est fait à Bayreuth en 1891, 1892 et 1894, sans donner à l'ouverture sa conclusion accoutumée, conclusion grandiose qui sera exécutée à l'Opéra.

raines des trombones et des trompettes ; son rythme a l'autorité d'un *Credo*. Autour de lui, l'orchestre se soulève en vagues de joie : le motif de jubilation ruisselle aux violons, bondit et tourbillonne : avec une frénésie de bonheur, il s'unit au cantique triomphal qui proclame la seule vérité, le seul amour éternel, et l'enlace de torrentielles spirales. La Nature entière, éperdue d'allégresse, chante de toutes ses voix la victoire du salut.

ACTE PREMIER

Ier Tableau : **Le Venusberg**

Scène 1. — *Toute cette scène est une symphonie descriptive représentant la Bacchanale du Venusberg.*

Ce morceau, longuement développé, évolue autour de la tonalité de *mi* majeur, indiquée çà et là, presque constamment rappelée ou pressentie, et dont l'accord de tonique réapparaît à la fin, au moment où Tannhaeuser s'éveille de son rêve, où résonne le son lointain des cloches, traduit à l'orchestre par la répétition de la note *mi* au-dessus des mourantes harmonies.

Pris dans son ensemble, ce morceau comprend deux parties égales : aux deux cents mesures à quatre temps de la Bacchanale même correspondent ensuite cent trente-deux mesures, écrites à trois temps et dans un mouvement plus lent de moitié, ce qui représente la même durée. Il n'est pas douteux que dans les remaniements de l'œuvre en 1861, Wagner, en ajoutant ces développements, a cherché à équilibrer les deux parties de la scène, l'une de plus en plus violente, l'autre de plus en plus calme et apaisée, avec des mélodies nouvelles et des rythmes différents.

Au commencement de cette symphonie, nous trouvons l'adaptation scénique des thèmes du Venusberg, déjà entendus dans l'ouverture, dont une vingtaine de mesures sont reproduites textuellement :

— les thèmes de la Bacchanale (5), au ryth mesauvage, avec leurs groupes de notes saccadées, leurs appels, leurs dessins répétés, entraînés comme dans une ronde gigantesque (l'un de ces thèmes (5 a) présente une descente chromatique très caractérisée) :

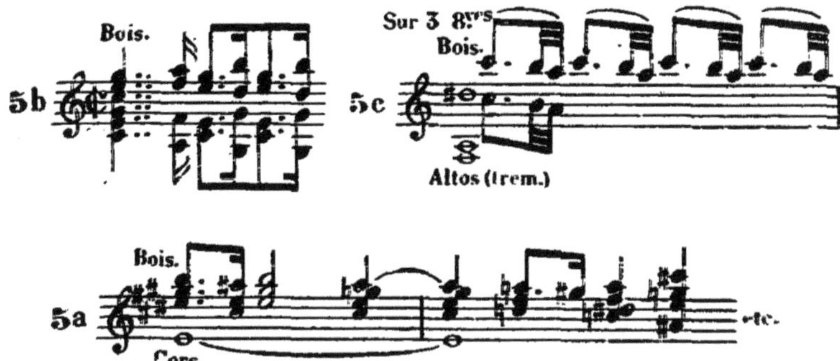

— l'appel des Nymphes (5 d), formé des notes de l'accord parfait majeur qui montent et descendent en s'élevant dans l'échelle des sons :

— le motif typique du Venusberg (4), une envolée de notes arpégeant au début un accord de septième diminuée, telle une fusée qui s'épanouirait après une vive giration sur elle-même :

Ces thèmes, lorsque les Faunes, les Bacchantes et les Satyres viennent se mêler aux danses, sont reliés entre eux par des traits en doubles croches (1), scandés de vigoureux accents.

(1) Certains de ces traits ressemblent à plusieurs passages des autres œuvres de Wagner, en particulier à des traits qui figurent dans le rôle de Kundry de *Parsifal* (surtout au deuxième acte).

Puis, dans le tumulte toujours grandissant, au milieu des dessins qui tournoient,

parmi les frémissements dissonants des cordes, vient s'implanter, comme à coups de marteau, un motif (**8 a**) qui reparaîtra plus loin, en valeurs diminuées (**8 b**), entraîné lui-même dans le tourbillon de la Bacchanale.

Ce motif, remarquable par son rythme et par sa forme, est un *motif de désir* d'une expression très intense ; la tierce mineure ascendante qui le termine, après une montée chromatique qui fait penser à l'un des motifs principaux de *Tristan*, rend cette expression presque brutale, surtout au dernier *fortissimo*, où le thème, toujours imposé par les bois, se dessine encore nettement, malgré les puissantes sonorités des cuivres.

L'intervention des Grâces et des Amours met fin au long *fortissimo* de l'orchestre, où l'écriture a pris une forme de plus en plus serrée et violente. Avant que les Amours ne lancent leurs flèches sur les groupes, les violons reproduisent des traits chromatiques descendants analogues à ceux qui, dans l'ouverture, terminant les délires du Venusberg, deviennent la figure d'accompagnement du motif religieux, et plus tard, dans l'œuvre, accompagnent de même le chœur des pèlerins revenant de Rome. C'est donc ici encore le motif de jubilation (**3**), mais dont le caractère est changé, tant par les inter-

valles mélodiques parcourus que par l'harmonie, constamment
dissonante.

Les sonorités de l'orchestre s'apaisent, le thème du Venusberg
reparait, apaisé lui-même, diminué, enfermé dans une courte étendue :

De la tonalité de *mi*, restée présente dans l'harmonie de ce passage
par ses notes fondamentales *mi* et *si*, l'orchestre module en
mi bémol, au moment où la symphonie change de caractère et où la
mesure se transforme en 3/4, dans un mouvement plus lent de
moitié.

Sur les tremolos et les arpèges combinés du quatuor, qui garde la
dominante de l'ancien ton comme note altérée (*ut bémol = si*) de la
tonalité nouvelle, les flûtes, les hautbois et les clarinettes exposent
le début du *Chant de Vénus* (**7 a**), qu'avait préparé, pendant que
les Amours lançaient leurs flèches, un rythme très insistant, établi
sur une quarte ascendante, et que suit presque immédiatement
l'*Appel des Nymphes* (**5 d**), ainsi qu'un thème nouveau, l'APPEL
DES SIRÈNES (**9**) exécuté tout d'abord en entier par l'orchestre.

Cet appel, dont la note finale s'éteint *pianissimo* sur une harmonie dissonante et qui est répété deux fois, prend ensuite une forme plus longue, caractérisée par une quinte ascendante :

— Une phrase développée lui répond par des mouvements inverses ; c'est la première esquisse du MOTIF DES GRACES.

Au fond du théâtre, les nuées s'étant dissipées, on aperçoit l'enlèvement d'Europe, sur l'onde d'azur d'une mer féerique. Les Sirènes chantent leur appel (9), soutenu par des accords de harpe et alternant avec l'appel des Nymphes. L'orchestre répond comme précédemment ; la symphonie s'est enrichie d'un nouveau motif qu'on peut appeler le MOTIF DES GRACES (10), mais qui signifie plutôt le charme, l'ENCHANTEMENT DE L'AMOUR et de la volupté ; d'une expression analogue, il est caractérisé au début par un intervalle plus grand (septième) ; ce motif, dialogué tout d'abord entre le hautbois et le quatuor, se balance, sur des accords persistants de neuvième.

Ce passage est remarquable par le caractère de l'écriture, à la fois très savante et très libre, d'une richesse, d'une souplesse extraordinaires (1) ; par la combinaison des groupes binaires et ternaires, croches et triolets (combinaison fréquente et caractéris-

---

(1) Ce *motif des Grâces* n'existait pas dans la première version de la bacchanale, beaucoup plus courte d'ailleurs, et moins significative ; mais on peut trouver son origine dans le développement du motif 5e (dernière mesure de l'exemple) et dans le chant de Vénus au troisième acte du drame.

tique dans *les Maîtres Chanteurs* et *Siegfried*, entre autres œuvres) ;
par les fusions de thèmes, par exemple celles-ci :

Enfin sa forme et son rythme font ce motif (10) tout proche d'un
motif féminin de tendresse qui joue un rôle important dans *Tristan
et Iseult* (thème qui commence aussi par une septième descendante),
et d'un important groupe de thèmes dans *le Crépuscule des dieux*
(voir en particulier le motif de séduction de Gutrun, et les formes
par lesquelles il se rattache aux motifs de l'Anneau). D'une manière
générale, le style de cette belle page instrumentale participe au
style de *Tristan* et au style de *l'Anneau du Nibelung*.

Les nuées, qui s'étaient reformées, se dissipent de nouveau, pour
laisser entrevoir Léda et le Cygne. Dans la tonalité d'*ut* majeur, les
Sirènes murmurent encore une partie de leur thème, continué
aussitôt par l'orchestre.

Sur la scène, peu à peu devenue vide, le calme s'est fait ; *pianissimo*, le motif du Venusberg apparaît une dernière fois, en *mi*, aux
clarinettes et aux bassons ; une dernière fois encore se balance le
motif d'enchantement (10), qui s'idéalise pour ainsi dire, et se
purifie doucement en des sonorités apaisées.

Il s'associe aux vibrations aériennes de la tonique supérieure,
pareille à un son de cloche lointain, symbole de ce monde chrétien
dont Tannhaeuser, en son rêve, vient d'entendre l'écho mystérieux.

Scène II. — *Tannhaeuser. Vénus.*

Tannhaeuser s'éveille. Il répond à l'interrogation de Vénus d'une
voix où se devine une aspiration extatique et un intime regret. Des
accords calmes et lents, où vibre toute la pureté des consonances,
accompagnent le récit de son rêve : les tintements des cloches loin-
taines, les fleurs du printemps, le chant des oiseaux, cette beauté
sereine d'une nature innocente et vraie qu'il oppose au monde païen
du Venusberg.

La déesse répond à son tour, interroge à nouveau. Sa voix a des
langueurs passionnées, des intonations caressantes et troubles ; une
harmonie fuyante, une succession *ininterrompue* de dissonances
mêle aux enlacements de la mélodie une secrète appréhension. Elle
veut chasser pourtant cette inquiétude et demande à son chevalier
de prendre la harpe, de chanter sa gloire à elle et sa beauté. Celui-
ci obéit, et, après qu'un vigoureux dessin d'orchestre a' exprimé sa
décision subite, il prélude par quelques accords.

Le chant de Tannhaeuser, la LOUANGE DE VÉNUS (6), est l'élément
principal autour duquel toute la scène évolue. Il est entendu trois
fois, dans des tonalités qui s'élèvent par demi-tons, *ré bémol, ré
naturel* et *mi bémol*. A chaque reprise, Tannhaeuser s'exalte davantage : le mouvement s'accentue, les arpèges de la harpe deviennent
plus rapides (croches ♪♪♪♪ , triolets ♪♪♪ , puis
doubles croches ♪♪♪♪) ; aux harpes viennent se joindre,
à la deuxième reprise, les pizzicati des cordes ; à la troisième, l'harmonie des bois. Ce chant comprend deux strophes égales ; la première, le thème véritable déjà exposé dans l'ouverture, est d'une
franche tonalité, d'un élan chevaleresque, et soutenue par de larges
et brillants accords ; l'influence de Weber peut s'y reconnaître :

La seconde strophe, ou plutôt *l'antistrophe*, présente un caractère
tout différent : ce n'est plus le chant d'amour accoutumé, mais une
mélodie plus libre, très expressive, reflétant les pensées de Tannhaeuser, son désir de changement, son aspiration vers la liberté, vers
la souffrance, sa détermination de quitter le Venusberg, dite d'une
façon à la fois résolue et suppliante. Elle est, en majeure partie,
accompagnée par un mouvement continu d'arpèges. En voici le
début :

Vénus fait entendre des interrogations surprises, et prend un ton
de reproche, tout en s'efforçant de se dominer, alors que les notes
répétées de la basse et un dessin des violons en tierces mineures
descendantes trahissent une inquiétude grandissante.

Après la reprise de l'hymne à Vénus en *ré* majeur, Vénus se
lève précipitamment, tandis que surgit aux violons un trait ascendant dont l'écriture rappelle le premier acte de *Tristan* :

De vives apostrophes, des phrases entrecoupées, presque violentes, s'échangent sur des progressions rythmiques, dans un
crescendo de l'orchestre. La lutte s'est complètement engagée,

mais Vénus essayera d'abord de triompher de Tannhaeuser par la puissance de la volupté, par l'attirance de nouvelles séductions.

Après un solo d'alto, continué par la clarinette, de troublantes harmonies flottent lentement dans l'espace. Un court passage chromatique, emprunté à la fin de la scène précédente, et qui se termine par le rappel du motif (5 a) de la Bacchanale, se dessine, toujours dans un mouvement lent, comme une promesse de délices infinies :

Vénus commence alors son chant de séduction (7) : « Viens, cher amant », qui, dans l'ouverture, était exposé par la clarinette *solo*.

Ce chant offre de remarquables caractères mélodiques et harmoniques : l'emploi, en son début, de deux quintes diminuées descendantes (1); l'altération systématique du quatrième degré du ton *(fa)*, c'est-à-dire la substitution constante, sauf vers la fin de la phrase, du *si naturel* au *si bémol ;* l'altération non moins systématique de la tierce, donnant le *la bémol* au lieu du *la naturel* (2) ; l'oscillation de l'harmonie sur l'accord de tonique et un accord de septième diminuée où figurent précisément ces deux notes altérées *(fa la ut* et *si ♮ ré fa la ♭)*.

Des phrases qui composent ce chant de Vénus, la première est répétée plusieurs fois à la voix, ou à l'orchestre avec quelques modifications; les violons l'accompagnent de tremolos à l'aigu, tandis que les flûtes exécutent de légères batteries qu'on dirait écrites pour la harpe.

(1) L'emploi de la quinte descendante, juste ou diminuée, est très fréquent dans le rôle de Vénus, et y prend même une importance caractéristique.

(2) On pourrait dire que la majeure partie du morceau est écrite dans une gamme particulière, *fa sol la ♭ si ♮ ut ré mi fa.*

Une autre phrase présente une descente chromatique sous la
quelle serpente rapidement le motif du Venusberg (4) :

Le dernier membre de cette phrase procède de l'un des rythmes
de la Bacchanale dont le dessin est agrandi, et les valeurs
augmentées :

Au lieu de conclure, l'orchestre reprend la première phrase ;
Vénus cherche à attirer son amant vers la grotte. Wagner reproduit

ici un passage tiré de la première scène, l'appel des Nymphes, le thème des Sirènes chanté par un chœur invisible et que Vénus redit, enfin le motif des Grâces dialogué entre le chant et les violons.

Une dernière fois la phrase initiale revient, dans une sonorité augmentée, avec une allure passionnée qui modifie peu à peu sa forme, en gardant l'alternance caractéristique des deux accords.

Et de nouveau, sur les harmonies déjà entendues au commencement de ce chant, Vénus, d'une voix caressante et douce, murmure une interrogation : « Veux-tu me fuir ? (1) ».

Sans répondre à cette demande, Tannhaeuser reprend sa harpe : au comble de l'exaltation, il entonne de nouveau son hymne chevaleresque, la louange de Vénus (6), de la déesse dont il veut être le champion sur la terre ; mais, à l'antistrophe, son désir de quitter le Venusberg se fait plus haletant, et c'est un cri de liberté qui s'échappe de ses lèvres, plus passionné, plus résolu que jamais.

« Va-t-en ! va-t-en ! » lui crie la déesse indignée, en proie à la plus violente colère.

Tout ce passage témoigne d'une admirable couleur dramatique, par la richesse des dessins de l'orchestre,

par les gammes chromatiques qui viennent hacher la parole, par la

(1) Cette version du chant de Vénus, bien que le thème initial soit demeuré le même, diffère beaucoup de celle qui figurait dans le *Tannhaeuser* de Dresde ; elle est plus développée, beaucoup plus riche de formes mélodiques expressives, d'harmonies et de travail orchestral. De plus, à quatre temps dans l'ancienne version, elle est à trois temps dans la nouvelle.

hardiesse des modulations passagères, où les tonalités les plus éloignées se succèdent, produisant un relief harmonique saisissant. Ces procédés sont déjà ceux des dernières œuvres, et l'on peut constater que très souvent, lorsque des situations analogues se présentent, des rythmes, des harmonies et même des formes mélodiques presque identiques sont employés par le compositeur.

La colère de Vénus s'exprime pleinement dans une phrase du style le plus franc et le plus énergique, d'une parfaite carrure musicale, qui existait déjà, sur les mêmes paroles, dans la toute première version de *Tannhaeuser*. Ce motif (11 a), indiquant bien la fierté blessée et l'indignation de Vénus, n'est rien moins que l'un des motifs fondamentaux de toute la musique de Wagner. C'est le motif le plus concis et le plus intense de tous ceux dont Wagner se sert pour signifier musicalement *le conflit tragique*. Ecrit dans le mode mineur plus fréquemment que dans le mode majeur, il présente, entre autres caractères, deux mouvements mélodiques inverses, le premier de quinte descendante, le second de tierce ascendante. Ce motif, qui se trouve dans *Tannhaeuser* sous sa forme la plus typique, éclate sur la dominante, descend à la tonique, remonte par degrés conjoints au troisième degré (tierce mineure), où s'arrête son mouvement ascendant :

Les auditeurs familiarisés avec les drames de Wagner reconnaîtront vite que ce motif tragique, qui pour la première fois apparaît nettement dans *Tannhaeuser*, se trouve aussi dans *Lohengrin* (motif de la défense, etc.), et dans plusieurs autres ouvrages du maître, particulièrement dans *Tristan* (motif du jour), où il a un rôle très important. On remarquera aussi que ce thème, la seconde fois qu'il paraît, passe dans le mode majeur. Enfin il est suivi d'un motif qui dérive de lui, et dont la quinte ascendante s'élève comme une insulte et une menace à la fois ; cette forme mélodique, suivie d'un

effet orchestral tout à fait webérien, peut être dénommée la MALÉ-
DICTION DE VÉNUS (**11 b**) :

Le passage qui suit, établi sur des rythmes différents, offre un
caractère d'ironie perfide, méprisante et cruelle : « Ces mortels que
tu veux retrouver te repousseront; tu reviendras ici, courbant la
tête... » Un accord persistant, harmonie de neuvième alternati-
vement majeure et mineure, accompagne la phrase où Vénus
dépeint Tannhaeuser revenant mendier les délices du Venusberg et
l'amour de la déesse :

L'orchestre rappelle ensuite un des motifs du Venusberg (**5 e**),

puis reprend, *fortissimo,* la phrase de colère et de défi (**11 a**), tandis
que Vénus s'écrie : « Je te chasserai alors à mon tour, car ce n'est
qu'aux héros que s'ouvre mon empire ! »

« — Garde ta pitié hautaine, répond Tannhaeuser; jamais je ne
reviendrai vers toi ! »

Vénus pousse un cri ; désespérée de voir sa conquête lui échapper pour toujours, elle voudrait reprendre les paroles de colère

qu'elle a jetées à Tannhaeuser. L'orchestre s'apaise, la phrase
vocale s'arrête, haletante ; seules, les notes douloureuses de la clarinette la prolongent, et lentement s'éplorent, en un dessin analogue à certains passages de *Parsifal* (rôle de Kundry) :

Vénus supplie, essaye de fléchir la résolution de son chevalier,
sur une mélodie d'une grâce enlaçante, mélodie pleine de tendresse,
d'interrogations émues, de doux reproches, d'un charme insistant,
pervers, et que l'on peut rapprocher des premières phrases de la
déesse au commencement de la scène et de son chant de séduction :

Ce passage est curieux en ceci qu'il présente la richesse harmonique et même certaines formes mélodiques des dernières œuvres,
dans la coupe à peu près régulière d'un air ou tout au moins d'un
arioso. On y remarquera la fréquence si expressive, si caractéristique,
dans l'accompagnement et la mélodie, des appogiatures, retards,
altérations diverses, et la modulation subite de *si bémol*, ton du morceau, en *ré* majeur, où la phrase d'orchestre, après avoir pris une
allure passionnée qui fait penser à *Tristan*, descend graduelle-
ment de plus de deux octaves, en groupes de notes qui forment une
chatoyante cascade d'accords (association des violons aux flûtes et
aux clarinettes, continuée par les altos et les bassons) (1). Il semble
que Vénus, voulant obtenir à tout prix son pardon, appelle au
secours d'une parole impuissante toutes les nuances, tous les arti-
fices de l'intonation musicale. Après un nouveau retour du thème

(1) Le dessin principal de l'orchestre, en ce passage, a son analogue dans
la *Walkyrie* (Acte Ier, scène III).

en *si bémol,* la phrase s'efface peu à peu, en des harmonies troublées.

Mais la décision de Tannhaeuser est irrévocable : la scène marche à sa conclusion, sur un mouvement rapide ou les violons reprennent différents dessins déjà entendus : Tannhaeuser pressent sa destinée prochaine : ce n'est pas le plaisir, c'est la souffrance, c'est la mort qu'il va chercher, c'est aussi le pardon de ses fautes, qu'exprime une phrase lente et triste, doublée par les violoncelles, les hautbois et les cors : « La pénitence un jour me donnera le repos. »

Et, à la dernière supplication de Vénus, un nom longtemps retenu sur ses lèvres est enfin prononcé : « Mon salut n'est qu'en Marie! »

À ces mots la déesse disparaît, et avec elle le monde païen qui l'entoure. Trois grands accords parfaits de *ré* majeur, *fa* majeur et *la bémol* majeur, que relient des gammes descendantes — une des plus belles audaces harmoniques que l'on puisse citer — éclatent dans le *tutti* de l'orchestre, tels les bonds du miracle à travers l'impossible. Entre eux sont des abîmes, des infinis instantanément traversés : un univers, illusions et réalités, s'écroule sous ces trois coups de foudre :

le *sol* aigu s'impose alors, comme pédale supérieure d'une brève série de quatre accords dissonants, et ce furieux mouvement d'harmonie se résout *fortissimo* dans le ton de *sol* majeur, au moment où la lumière réapparaît.

IIe Tableau : **Une vallée près de la Wartburg**

Si, dans les deux scènes de ce tableau, le poème établit un contraste saisissant avec les scènes précédentes, ce contraste n'est pas moins accusé dans la musique. Aux tonalités chargées de dièses ou de bémols, aux dessins tumultueux, aux harmonies presque constamment dissonantes ou altérées, Wagner oppose des tonalités de couleurs simples et claires (*sol* naturel, *fa*, *ré*), des rythmes d'un caractère religieux ou pastoral, une harmonie généralement consonante, la régularité des cadences, même des successions d'accords présentés, comme chez les Primitifs, à l'état direct. L'orchestration n'offre pas moins de différences : elle est peu chargée, sans cuivres ; mais quelques instruments ont un rôle pittoresque, isolé ; c'est le cas du cor anglais et des douze cors qui sonnent la chasse du landgraf.

Scène III. — *Un Pâtre. Tannhaeuser. Les Pèlerins.*

Après la phrase du cor anglais et la chanson du pâtre, entendues sans accompagnement, chanson naïve et paisible à la louange de la déesse Holda des Légendes (1), des accents religieux s'élèvent au loin : ce sont des pèlerins qui approchent sur le chemin de la Wartburg.

Le thème de ce choral (**12**), exprimant l'Attente du Pardon et la résolution, confiante et recueillie, des pénitents qui vont le chercher, joue un rôle important dans le drame : les sept membres de phrase qu'il contient reparaîtront fréquemment. Son harmonisation, purement vocale, est en majeure partie consonante comme celle d'un plain-chant.

(1) En réalité, le mythe de Holda, dans la Légende germaine et scandinave, correspond en plusieurs points à celui de Vénus. L'apparition de cette chanson du pâtre, mélodie tranquille et comme purifiée, après l'invocation de Tannhaeuser à Marie, laisse deviner une intention du poète-musicien.

Le deuxième thème de ce chant, commençant au cinquième membre de phrase, a déjà été exposé dans l'ouverture (2); c'est :

Cette phrase du repentir, ce MOTIF DE CONTRITION, qui, en la circonstance, après avoir exprimé les sentiments ressentis par les pèlerins, va s'appliquer directement à Tannhaeuser et résumer les sentiments que réveille en lui le chant des pèlerins, est d'une remarquable structure. Le dessin mélodique (un saut d'octave suivi de deux demi-tons descendants) est reproduit trois fois, en s'élevant : malgré son chromatisme, il est accompagné presque uniquement d'accords consonants. Ce dessin si caractéristique, on le trouve dans plusieurs partitions du maître, dans *Parsifal* (1), par exemple : la cavatine d'Erik du *Vaisseau-Fantôme* en contient d'autre part une première esquisse. Tandis que le jeune pâtre, qui tantôt a continué de jouer son chalumeau, tantôt a écouté avec recueillement, agite gaiement son chapeau en manière de salut aux pèlerins entrés en scène, et leur demande une petite part dans leurs prières, Tannhaeuser, tombant à genoux, adresse au Seigneur une louange émue (13).

(1) L'exemple le plus typique, à ce point de vue, est donné par le troisième acte de *Parsifal*, à la scène du Vendredi Saint. Le motif en question, où l'aspiration vers le salut se mêle à une humilité repentante, à une idée de souffrance tendrement acceptée, paraît à l'orchestre et à la voix, lorsque Gurnemanz

L'intervention subite de l'orchestre, resté silencieux jusque-là et dont les tremolos s'épanouissent dans une large cadence, donne à ce passage un caractère saisissant de grandeur et d'émotion.

Les pèlerins quittent la scène en reprenant le choral, sur un contrepoint en croches des basses ; Tannhaeuser, d'une voix entre-coupée de sanglots, dit seul la phrase du repentir ; les chants s'éloignent, se perdent dans le lointain ; aux derniers accents reli-gieux, murmurés par les altos, viennent se mêler les appels des cors ; c'est le thème de la chasse :

Les joyeuses fanfares retentissent, de plus en plus éclatantes ; les cors se répondent dans des tons différents (*mi bémol* et *fa*). Bien-tôt le landgraf paraît, suivi de ses compagnons de chasse, les chevaliers-poètes.

Scène IV. — *Le Landgraf. Les Chanteurs. Tannhaeuser.*

Nous analyserons brièvement cette scène où Tannhaeuser, retrouvé par ses anciens amis, se décide, sur les instances de Wol-fram, à les suivre à la Wartburg. Wagner, dans cette partie de l'œuvre, a largement usé de la polyphonie vocale.

Au salut de généreuse allure que lui adresse Wolfram,

à l'invitation du landgraf, Tannhaeuser répond d'abord par un refus. Il y a une grande analogie rythmique entre cette réponse et certains

explique à Parsifal que le bienfait de la Rédemption, accordé à l'Homme par la mort du Sauveur, descend sur toutes les créatures, bénit même les plantes, les herbes des champs, et que l'Homme, racheté par la pitié divine, doit être à son tour plein de pitié pour tous les êtres qui sont au-dessous de lui.

effets qui se trouvent au premier acte de *la Walkyrie*, quand Siegmund veut quitter la demeure de Hunding. La phrase mélodique de
ce refus évasif et mystérieux est d'ailleurs de la plus grande beauté ;
elle résume à merveille tout un état d'âme.

Dans l'ensemble qui suit, se détache une phrase expressive de
Tannhaeuser correspondant aux paroles de la traduction : « Non,
non ! il faut que je vous laisse ! » phrase qui se fait plus énergique
encore, grâce à un dessin très vigoureux de la voix, parcourant une
neuvième et une dixième ascendantes sur les degrés d'un accord de
septième diminuée : « Mon sort est de marcher sans cesse... »
Mais Wolfram prononce un nom, que Tannhaeuser répète sur la
même harmonie, — la pure sonorité de l'accord parfait majeur :

Presque aussitôt vient un *andante*, qui fut l'un des morceaux
les mieux applaudis par le public, en 1861. En son introduction,
commencée dans le ton de *si* mineur, Wolfram rappelle, sur un
rythme chevaleresque, les joutes poétiques des *minnesinger*, et les
victoires que Tannhaeuser y remporta souvent, par la fougue et la
fierté de ses inspirations lyriques.

Dans ce rythme, on peut reconnaître la première indication,
moins vive et moins brillante sans doute, des rythmes qui caracté-
riseront les motifs de la grande marche avec chœurs, à l'acte suivant.
Alors commence le motif essentiel de *l'andante* en *ré* majeur, magnifique *cantabile* de l'expression la plus noblement émue (14). Les
répétitions de notes, particulièrement de la dominante, semblent
accentuer encore davantage la cordiale insistance de Wolfram, et
dire à Tannhaeuser : Viens, viens donc, toi qui, par le mystérieux
pouvoir de tes chants, savais seul charmer Elisabeth, la vierge

riche de vertus, et la retenir en nos assemblées que maintenant elle abandonne...

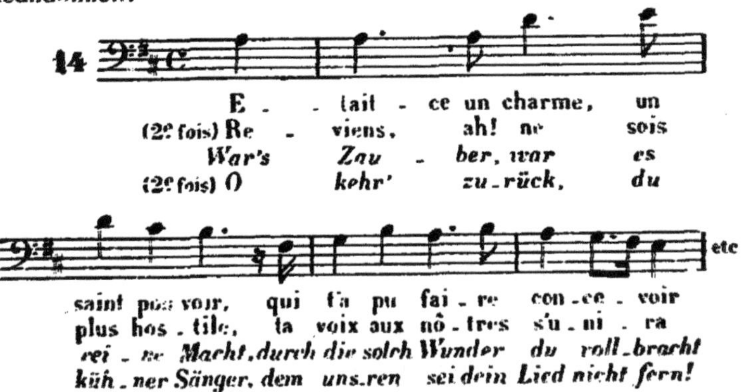

Ce motif est repris en sextuor, passant par fragments d'une voix à l'autre, chacun des personnages exprimant à Tannhaeuser le même sentiment avec une nuance individuelle. Sa péroraison, très chaude et d'un grand effet, rappelle un peu la facture des maîtres italiens.

« Conduisez-moi près d'elle ! » dit Tannhaeuser, le cœur rempli de joie.

L'ensemble qui termine cette grande scène vocale, souvent appelée le « septuor des chanteurs », revient au ton primitif (*fa*); il est conduit par une phrase importante de Tannhaeuser, exprimant *son élan joyeux vers Elisabeth* (15) et dont le rythme précipité parcourt une octave (1) :

(1) Ce motif, comme d'autres que nous avons déjà considérés, joue un rôle

Certains dessins rythmiques de cet ensemble reparaîtront à l'acte suivant :

Puis, les fanfares éclatent de nouveau, et, tout à fait à la fin, l'orchestre reprend, dans la pleine sonorité du *tutti*, le thème de la chasse et la phrase de joie et d'élan de Tannhaeuser (15), qui semble emporter le héros du drame vers le bonheur d'une nouvelle existence.

assez important dans l'œuvre entier de Wagner : par exemple, il figure très nettement dans *Rienzi*; on le trouve dans *le Vaisseau-Fantôme*, dans *Tristan*, et ailleurs encore, sous des formes diverses, laissant transparaître néan moins une évidente communauté d'origine.

ACTE II

Introduction.

Scène 1. — *Elisabeth.*

L'air initial d'Elisabeth s'enchaîne à l'introduction symphonique de l'acte, la répète en partie, et la continue en y ajoutant des éléments nouveaux. Cette introduction, en *sol* majeur, exprime une joie toute juvénile, la pure et radieuse joie d'Elisabeth. Sur les rapides accompagnements en notes répétées, *staccato*, des instruments à vent, une phrase des violons s'élance, dont le rythme procède de figures entendues dans le final du premier acte :

Puis le motif *d'élan joyeux* de Tannhaeuser (15), signifiant ici le retour de Tannhaeuser et son allégresse, résonne avec emportement, tandis que le hautbois, qui très souvent est relatif à Elisabeth, lui répond, associé aux autres instruments à vent du même groupe. Ce rythme est interrompu par un trait jubilant des violons ; mais, à la clarinette dans le registre grave, doublée à l'octave supérieure par un hautbois, monte le *motif de malédiction de Vénus* (11 b) avec sa menaçante prophétie : « Cherche ton salut, et ne le trouve jamais ! »

Le rythme premier des violons reprend, croisé par une belle
phrase expressive, toute féminine, du hautbois ; le rideau se lève,
Elisabeth entre en scène. Dans son air, nous retrouvons les parties
essentielles du prélude ; mais, lorsqu'elle parle de l'absence de
Tannhaeuser, la mélodie change d'allures, et contraste absolument avec l'animation précédente par ses rythmes, la chute de ses

phrases, ses longues tenues, ses douloureuses interruptions. De
lents accords, au quatuor, accompagnent ce passage, et le hautbois
y jette un accent plaintif. Il semble que ce soit là, dans le rôle
d'Elisabeth, la première indication explicite d'une âme vouée au
sacrifice, la première ébauche des caractères musicaux expressifs
qui feront, au troisième acte, l'immortelle beauté de la prière
d'Elisabeth.

Mais Tannhaeuser approche: le motif joyeux de son retour (15)
éclate *fortissimo* aux violons et aux bois, annonce la hâte de son
arrivée dans la grande salle de la Wartburg — auprès d'Elisabeth.

SCÈNE II. — *Elisabeth. Tannhaeuser.*

Tannhaeuser paraît, conduit par Wolfram, qui s'éloigne ensuite
vers le fond de la scène, où il demeure pendant tout le dialogue.

La forme de cette scène, avec ses ressouvenirs classiques, son
ensemble final des deux voix, ses répétitions, l'ancienne division
en trois parties appelées jadis les *trois mouvements*, a déconcerté
beaucoup de wagnériens, a soulevé bien des critiques. Entre toutes
les réponses qu'on peut leur faire, il y en a une assez péremptoire:

Wagner, dans les remaniements de 1861, n'a pas voulu toucher à cette scène, pas plus qu'à la précédente. Il lui a paru qu'elles disaient ce qu'elles devaient dire, qu'elles étaient bien ce qu'elles devaient être.

Wagner a-t-il eu raison ? On nous permettra de le croire.

Dans l'*allegro moderato* qui commence ce duo, nous remarquons une mélodie expressive de la clarinette — un des motifs qui caractérisent la jeune fille et auront plus tard, dans l'intercession d'Elisabeth et la prière du troisième acte, des transformations de la plus haute importance. Nous pouvons désigner le type initial de cette série de figures mélodiques (16 a) par les noms de Motif d'Elisabeth ou de l'Amour d'Elisabeth.

La première esquisse de ce motif se trouve d'ailleurs dans l'air précédent, en particulier au passage final : « Salut à toi ! »

A l'interrogation d'Elisabeth, le chevalier répond d'une voix assombrie, en des paroles énigmatiques, tandis que des harmonies altérées se succèdent, soutenues par les bassons et les cors. Wagner reproduit ici le rythme qui a accompagné la première réponse de Tannhaeuser faite au landgraf au sujet de son absence.

« Mais quel pouvoir, dit Elisabeth, a brisé tout obstacle ?

— Un miracle! » réplique Tannhaeuser en reprenant la phrase, le cri plutôt, adressé par lui au Seigneur (13), dans le val au pied de la Wartburg (Acte Ier, 2e tableau, scène III).

L'harmonie amène le ton de *mi bémol*, et le mouvement devient un *allegretto* à 6/8. Un délicat dessin rythmique, confié aux hautbois, et où les plus charmantes réticences annoncent l'aveu tout proche,

conduit à une phrase d'une tendresse chaste et émue, chantée
d'abord par les violons avec sourdines (17), puis par Elisabeth, et
exprimant le doux souvenir que la jeune fille a gardé des joutes
lyriques où triomphait Tannhaeuser. Ce motif **17** procède évidem-

ment du motif **16**, surtout de la forme **16 c** ; il y a là une nuance
du sentiment, nuance telle que la musique en peut seule exprimer
la délicatesse.

Le chant s'anime. Dans les aveux de la jeune fille, d'une
grâce ingénue et touchante, la phrase prend un mouvement plus
vif ; puis, chargée de tristesse, elle s'éteint, comme dans la scène
précédente, sur de douloureux accents, où s'esquissent déjà les
phrases de la prière du troisième acte.

L'*allegro* final, qui vient après une réplique enthousiaste et passionnée de Tannhaeuser, est écrit dans le ton principal (*la bémol*) ;
c'est un morceau plein de chaleur (encore que d'une forme un
peu ancienne), où les voix chantent presque constamment ensemble ;
son rythme initial, avec ses groupes ascendants de notes répétées
et liées de deux en deux, a déjà été exposé, au final du premier
acte, dans l'accompagnement.

Ce dessin rythmique n'est pas sans analogie avec celui que
Beethoven emploie dans *Fidelio*, lorsque Florestan et Léonore
se retrouvent après une longue séparation (au passage : « *O namen-
lose Freude* »).

Le cœur débordant de joie et d'amour, Tannhaeuser et Elisabeth se redisent avec passion ie premier motif du duo, qui vient et revient sans cesse sur leurs lèvres (16 c).

A ce duo s'ajoute un moment la voix de Wolfram, qui aime en silence Elisabeth, et qui contemple cette scène avec une invincible tristesse, mais sans colère et sans haine : le sacrifice de tout espoir terrestre sera le suprême hommage de son amour. Cependant le lyrique transport du duo s'achève, Tannhaeuser quitte la salle, et, tandis qu'il traverse avec Wolfram la cour intérieure du château, Elisabeth, se rapprochant du fond de la scène, lui adresse un salut de la tête et un long regard, musicalement soulignés par un solo de la clarinette qui redit le motif initial du dialogue (16 a, 16 b, 16 c).

Scène III. — *Elisabeth, le Landgraf.*

Cette scène est fort courte : le landgraf entre sur un rythme qui scande sa marche, et qui reparaîtra dans une autre scène de ce même deuxième acte (1). Une figure mélodique paraît, où s'ébauchent les motifs de grave et douce affection qui accompagneront au troisième acte Wolfram, lorsqu'il s'unira par le cœur aux douloureuses attentes d'Elisabeth. Le landgraf interroge sa nièce, et surprend, dans les paroles qu'elle prononce timidement, plus encore en ses silences, l'aveu de son bonheur et de l'amour qui enchante son âme virginale. Il calme paternellement l'émoi de la jeune princesse, dans une phrase caressante qu'accompagne un contrepoint des violoncelles, dérivant de la figure mélodique expressive qui vient d'être signalée. Mais un appel de trompettes retentit, annonçant l'arrivée des seigneurs invités à la joute poétique, et posant ainsi la fanfare qui constitue le premier des motifs de la marche.

Scène IV. — **A.** *Marche et Chœur.*

Ce superbe morceau, que tout le monde connaît et qui n'a jamais

(1) La première indication de ce rythme pourrait être retrouvée au commencement de la scène IV du premier acte

quitté le répertoire des grands concerts, produit à la scène un effet bien plus considérable encore. C'est assurément la plus splendide marche théâtrale (le mot *marche* étant pris au sens large) qui ait été écrite. Elle présente une admirable gradation de sonorités ; à l'orchestre, qui l'expose seul d'abord, viennent se joindre progressivement les masses chorales, qui reprennent à la fin le thème principal du morceau, dans le plus grandiose ensemble que l'on puisse imaginer.

Après l'appel des douze trompettes qui sonnent l'accord éclatant de *si* majeur, fanfare déjà entendue à la fin de la scène précédente,

une figure rythmique, très mouvementée, monte des altos aux violons (dans le *forte*, lorsqu'elle se superpose à d'autres motifs, elle fait songer quelque peu au motif 3, qui exprimait une allégresse exultante),

suivie immédiatement, dans une tonalité de transition, d'un gracieux motif confié au groupe grave des instruments à vent : c'est la *première forme* du Motif chevaleresque (**18 a**).

L'appel des **trompettes** retentit de nouveau sur les triolets des cordes, et bientôt apparaissent les *formes principales* du Motif chevaleresque : ce sont deux phrases voisines, distinctes cependant de caractère, de mouvement mélodique, et, partiellement, de rythme.

La première phrase (*deuxième forme* du motif), chantée par la quatrième corde des violons que renforcent les cors, les bassons et les clarinettes, a une allure solennelle; ce sera tout à l'heure le salut majestueux adressé au landgraf par la foule des invités (**18 b**).

La seconde phrase, *troisième forme* du Motif chevaleresque (**18 c**), l'un des motifs de Wagner qui sont le plus rapidement devenus populaires, est encore plus importante par sa valeur mélodique et par les développements qu'elle reçoit plus tard. Elle est la forme par excellence du Motif chevaleresque.

Vient alors une *quatrième forme* du Motif chevaleresque (**18 d**), où les parties, du grave à l'aigu, entrent successivement. Toutes ses notes, vigoureusement accentuées, lui donnent une mâle énergie.

Ces trois dernières formes, plus étendues et plus accusées que la première, se divisent chacune en deux membres de huit mesures, le second répétant généralement le premier (1).

Le compositeur ramène ensuite les triolets des violons et le motif **18 a**, par le même procédé harmonique que précédemment, puis on réentend les appels de trompettes qui formaient le premier élément de la marche, fragmentés mais reliés par un court dessin emprunté au motif **18 c**; les masses chorales interviennent enfin, pour la reprise des thèmes principaux. La première phrase (**18 b**) est chantée par les hommes ; la deuxième (**18 c**) se déroule lumineusement aux voix des femmes ; pour la troisième (**18 d**), les voix d'hommes entrent (basses d'abord, ténors ensuite), puis les voix de femmes, jusqu'à plénitude de l'ensemble. Cette partie chorale est l'exacte répétition de la partie symphonique, mais dans une sonorité toujours accrue. Or, nous voici au point culminant du morceau : lorsque la première des deux formes principales (**18 b**) est reprise une dernière fois, un contrepoint s'établit dans le quatuor, puissant unisson dont les redoublements tiennent *la triple octave*, basse gigantesque qui *soulève* pour ainsi dire les masses chorales renforcées par le groupe des cuivres. Il semble que l'orchestre, d'un sursaut formidable, emporte tout un monde dans son mouvement, et, parmi les éclatantes fanfares des trompettes, les fusées vertigineuses des cordes, la montée du thème dominant (**18 c**) qui se déroule et resplendit une fois encore aux hauteurs de l'instrumentation, un *fortissimo* colossal termine cette somptueuse page musicale.

Notons encore les traits rapides, en lesquels, à la fin de la marche, se transforment les triolets du commencement. Ces traits prendront tout à l'heure, dans la scène du concours, leur forme définitive, et souligneront à merveille l'agitation tumultueuse des assistants, lorsque ceux-ci acclameront les paroles du landgraf et les strophes des chanteurs. Cet effet musical et scénique se retrouve en plusieurs œuvres de Wagner, et tout spécialement au premier acte de *Lohengrin*.

(1) Rappelons que la première indication de la figure rythmique commune à toutes ces formes mélodiques diverses se trouve en l'introduction de-*l'andante* chanté par Wolfram au premier acte (2ᵉ tableau, scène IV).

B. *Entrée des chanteurs. Discours du Landgraf.*

Au moment où les chanteurs entrent, conduits à leur place par des pages, le quatuor, dans une sonorité fine et délicate, mais toujours noble et chevaleresque, joue un interlude symphonique en *sol* majeur, qui procède du grand morceau précédent, et surtout de son thème principal (**18 c**) :

Dans le récitatif du landgraf, simplement accompagné par le quatuor, se dessine une gracieuse forme mélodique : « A tout ce qui charme et sait plaire... »

Un rappel, très bref, du motif exposé à l'entrée des chanteurs, sert d'enchaînement logique à la phrase où le landgraf parle de la fête, et fait allusion au retour de Tannhaeuser.

La clarinette reproduit ici les deux premières mesures du *cantabile* en *ré* où Wolfram (motif **14**) disait le pouvoir exercé sur le cœur d'Elisabeth par les chants de Tannhaeuser, si longtemps absent de la Wartburg...

Remplacez ces quelques notes par des mots ; l'effet sera beaucoup moins délicat et même beaucoup moins expressif. La musique seule a de telles nuances ; elle seule, comme un *geste*, peut rendre certains frôlements d'idées ou de sentiments que la parole dénaturerait en les extériorisant.

Une longue acclamation du chœur salue la fin du discours du landgraf ; et, tandis que le sort, par la main d'Elisabeth, va désigner celui des chanteurs qui doit commencer, les instruments à vent reprennent l'interlude entendu tout à l'heure, dans le ton de *mi bémol* et sur les légers *pizzicati* des cordes.

C. « *La Guerre des Chanteurs* ».

Les différentes mélodies de ce concours présentent une coupe uniforme ; chacune d'elles débute par un récitatif, une sorte de *préambule*, et se termine, après la strophe, par une phrase, purement déclamée, qui en est pour ainsi dire la *moralité*. L'orchestration est simple, peu chargée de combinaisons: les harpes, qui ont naturellement une partie obligée, sont toujours entendues, seules ou associées à des tenues du quatuor ou des instruments à vent. Le chœur n'intervient que par de brèves interjections, pour approuver ou pour blâmer, sur les traits mouvementés des cordes que nous avons signalés plus haut.

Le sort ayant désigné Wolfram, de lents accords, rappelant un peu les successions harmoniques palestriniennes, et formés par les violoncelles et les altos divisés, expriment le caractère mystique et religieux qui distingue l'inspiration poétique et toutes les pensées de Wolfram.

Après avoir salué l'assistance avec une noble courtoisie, Wolfram commence. Son chant célèbre l'amour chaste, l'amour pur, et s'élève peu à peu, comme une prière — prière d'amour adressée à Elisabeth sous une allusion poétique :

Cette première phrase, en *sol* (le ton général du morceau est *mi bémol*, avec des échappées vers le ton relatif, *ut mineur*), est comme une ébauche du célèbre « chant de l'étoile », qui s'épanouira au troisième acte ; la parenté des mouvements mélodiques et du caractère général, la présentation dans le même ton, la division ternaire des temps de la mesure dans l'accompagnement de harpe, sont des raisons naturelles de le croire. La deuxième partie de la strophe offre une mélodie importante, exprimant l'EXTASE DE L'AMOUR PUR (19), mélodie qui apparaît ici sous sa première forme (19 a),

puis se termine par une cadence caractéristique, d'une expression à la fois pieuse et passionnée (19 b).

La douceur des rythmes, la longue retombée des phrases, l'effet de demi-teinte que donnent, dans ce mouvement lent, les alternances d'harmonies majeures et mineures, le chœur des voix graves des cordes qui persistent, voilées, presque silencieuses, sous les arpèges de la harpe, tous ces accents religieusement émus nous montrent l'âme de Wolfram dans sa mystique beauté. Notons encore, en cet air, après le récitatif et au moment où le passage en *sol* va commencer, trois mesures où se présente, extrêmement ralenti, le rythme qui correspondait à Elisabeth et à son chaste amour. Ce passage (16 d), d'effet si religieux, est en même temps la première esquisse d'un motif qui, dans *Parsifal*, correspondra au Gral, c'est-à-dire au bien suprême, au salut.

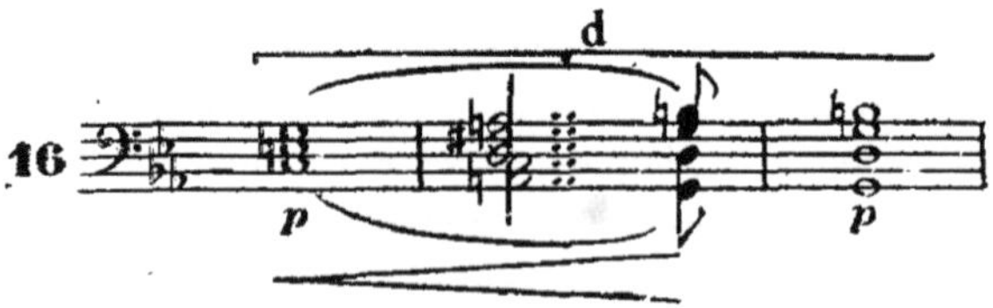

Tannhaeuser se lève, en proie à une étrange excitation ; tandis que l'auditoire achevait d'applaudir Wolfram, une vision s'est emparée de son esprit, signifiée à l'orchestre par l'*ivresse de la bacchanale* (5 a), le *motif du Venusberg* (4), et l'une des formes mélodiques de la *séduction de Vénus* (7 b) ; ce n'est pas le chanteur préféré d'Elisabeth qui va répondre à Wolfram, c'est le chevalier de Vénus, repris par les séduisants prestiges des ténèbres.

Dans son récitatif et sa première strophe, Tannhaeuser raille Wolfram et « le pauvre amour qui pleure en ses vers ». Puis, sur une phrase dont le début (intention facile à comprendre) rappelle le motif **19**, il déclare que l'adoration mystique que chante Wolfram peut convenir au culte du Seigneur, mais non à l'amour. L'amour ardent, l'amour vrai, s'écrie-t-il avec exaltation, ne se borne pas à de telles rêveries ; il embrasse l'être tout entier, il ne saurait exister sans la joie des sens. Et le mouvement entrainant de la strophe fait songer déjà à l'élan mélodique de l'hymne à Vénus chanté par Tannhaeuser au premier acte.

Lorsque Tannhaeuser se rassied, Biterolf se lève avec colère. Dans la partition primitive, Biterolf n'intervenait qu'après Walther von der Vogelweide, qui renchérissait sur la thèse de Wolfram ; Tannhaeuser répondait aussi à Walther, mais Wagner a supprimé ce passage dans l'édition définitive, et cette réplique de Tannhaeuser à Walther se trouve actuellement englobée dans sa première réponse à Wolfram, celle que nous venons d'analyser.

Le chant de Biterolf est très court; il est écrit en *ré* majeur, sur un rythme rude et guerrier.

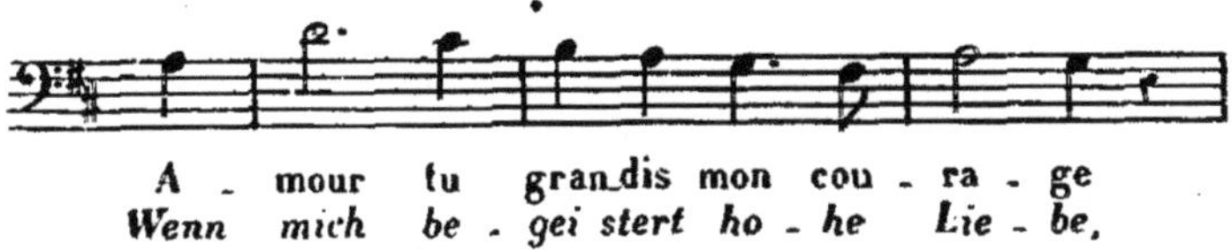

« Tannhaeuser est un blasphémateur, indigne même de se
mesurer avec moi, l'épée à la main », conclut Biterolf, approuvé par
tout l'auditoire. Mais le motif du Vénusberg (4) apparaît de nouveau, et le chevalier ne répond à la provocation que par une méprisante insulte : « Est-ce toi, loup furieux, qui chantes l'amour ! Va ! les
plaisirs que tu peux connaître ne valent pas un coup d'épée ! »

Des cris d'indignation s'élèvent dans l'auditoire ; le landgraf,
d'une parole et d'un geste, arrête les colères qui menacent, car
déjà les mains saisissent les gardes des épées. Alors, debout,
inspiré, Wolfram adresse à Dieu une généreuse prière pour la con-
corde : « O ciel, exauce ma prière, donne à ma voix l'accent sacré !»
Puis il chante, plus éloquent que jamais, la LOUANGE DE L'AMOUR
SAINT (**20**), qui héroïquement renonce et se dévoue. Cette belle
mélodie en *mi bémol*, dont le début caractérise bien le haut enthousiasme et la mâle fidélité de Wolfram, est accompagnée par les
harpes, auxquelles se mêle la voix des trombones (entrés dès la
phrase précédente), et s'ajoute le frémissement des altos.

Ce motif offre une parenté facile à voir avec le motif **19**, disant
l'extase de l'amour pur, motif qui prend d'ailleurs aussitôt après
sa forme définitive (**19 c-d**), forme où la douleur du renoncement se
magnifie d'une gloire sacrée :

Mais le Ciel n'exaucera pas, ainsi, la sainte ferveur de Wolfram :
l'Enfer est déchaîné à la Wartburg, aux pieds même d'Elisabeth !
Un trait strident précipite l'orchestre, par une brusque et violente
modulation, dans le ton enflammé de *mi* majeur. Comme possédé,
Tannhaeuser lance à pleine voix la LOUANGE DE VÉNUS (**6**), qu'il

chantait au premier acte, et, vers la fin de la strophe, jetant sa harpe, il crie aux assistants : « Malheureux, qui ignorez les transports de l'amour, allez comme moi les chercher au Venusberg ! »

L'action dramatique, arrivée à ce point culminant, présente un tableau d'une intensité extraordinaire : d'une part, tous les hommes groupés, l'épée à la main, prêts à fondre sur le misérable ; de l'autre, au fond de la scène, la fuite affolée des femmes, comme emportées dans une tempête d'épouvante ; au premier plan, Tannhaeuser debout, les yeux farouches, la face convulsée en son extase satanique, et, près du trône vide, Elisabeth, seule, pâle comme une morte — et qui attend.

Le dénouement de cette situation tragique va inspirer au musicien une conception grandiose, et lui fournir un admirable développement. Dans les nombreux ensembles qui terminent cette scène, Wagner ne traite pas les voix en bloc, comme une seule masse sonore, n'ayant qu'une direction et qu'un but. Nous trouvons bien ici, à maints égards, la forme habituelle de l'opéra, mais seulement en apparence : ces chœurs ne ressemblent point à la leçon laborieusement débitée par des orphéonistes immobiles, dans une polyphonie massive, trop souvent indistincte, suivant de déplorables conventions de sentiment, d'ordonnance et d'attitude, et aussi de procédés musicaux, jusqu'à ce que chanteurs et auditeurs soient à bout de tapage. Des phrases vocales très courtes, des figures rythmiques adroitement enchevêtrées, en passant d'un groupe à l'autre, expriment les sentiments divers des personnages, l'indignation presque terrifiée, puis la fureur vengeresse, la surprise, jusqu'à ce que des motifs plus larges s'imposent, rallient les voix éparses, unissent les groupements, sans pourtant que le sextuor des chevaliers-poètes et du landgraf, — auquel viendra s'ajouter, dans la suite, la voix d'Elisabeth — se confonde jamais avec le chœur des autres seigneurs.

Sur la révélation terrible de Tannhaeuser, le motif d'ivresse, exprimant le triomphe orgiaque de la Bacchanale (5 a), est entré un instant ; avec des clameurs de colère, les chevaliers se précipitent, glaives brandis, quand le cri d'Elisabeth les arrête tout à coup. Après une première stupeur, ils vont se jeter de nouveau sur l'infâme, mais Elisabeth est toujours là, entre eux et lui, et sa voix

désespérée se fait héroïque pour les arrêter encore. Elle en appelle
à la pitié contre la justice, à l'amour que Tannhaeuser lui inspirait
et qui maintenant déchire son cœur d'une mortelle blessure, et
maintenant c'est au nom de la miséricorde divine qu'elle va
parler.

D. *Intercession d'Elisabeth.*

Cette intercession dramatique, si admirable, se compose musicalement d'un thème caractéristique, *leitmotiv* de haute importance, le
Motif d'Intercession ou de Rédemption, transformation capitale
des formes générales qui correspondaient à Elisabeth et à son
amour (16). Il y faut joindre les phrases qui précèdent ce motif, la
réponse du chœur, celle de Tannhaeuser.

L'harmonie, après de nombreuses modulations, quitte définitivement le ton de *ré* mineur autour duquel elle avait oscillé, et arrive
au ton de *si*. A ce moment, avant les paroles d'Elisabeth : « Celui
que de terribles charmes », l'orchestre fait entendre, au grave, le
motif **20**. Cette tonalité de *si*, mineure ou majeure, mais plus
fréquemment majeure, persistera jusqu'à la fin de l'acte, sauf
en deux passages, ce qui est facilement expliqué — comme toujours chez Wagner — par des effets dramatiques.

Aux cadences qui soulignent les passages : « Dans le remords et
dans les larmes, ne peut-il mettre un dernier espoir ? » et « Quel ma
vous a-t-il fait ? », on trouve des formes interrogatives qui sont
fréquentes dans les drames de Wagner, et qui, dans *l'Anneau du
Nibelung*, ont l'importance de motifs véritables (le plus connu est
« l'interrogation de la destinée »). Voici ces deux formes dans
Tannhaeuser, avec des passages correspondants, choisis, entre
beaucoup d'autres, dans *la Walkyrie*.

Alors commence une des plus longues périodes musicales qui
aient été écrites (ces *vingt* mesures — d'un mouvement lent, qui commence *andante*, se ralentit par degrés et arrive à un *adagio* très lent,
♪ = 58 — comprennent sept mesures en *si* mineur et treize en *si*
majeur, douze, si l'on ne compte pas celle dont le premier temps correspond à la dernière note du chant). Les autres drames de Wagner
pourraient seuls fournir des exemples analogues d'étendue dans le
développement d'une phrase vocale unique. Celle-ci, en tenant
compte des *ritardando*, dure environ trois minutes (1).

Cette période vocale offre d'abord deux « incidentes » préalables,
limitées par des demi-cadences à la dominante : « Voyez, la vierge
dont la flamme s'éteint dans cet affreux malheur (demi-cadence), moi
qui l'aimais de toute âme, lui qui, joyeux, brisa mon cœur (demi-
cadence). » Vient alors, après un conduit mélodique admirablement
expressif, le principal membre de phrase, celui où se dessine
le motif dominant et caractéristique : « *Pour lui je viens implorer
la clémence :* — que le remords efface son erreur, — qu'il croie

(1) Parmi les phrases vocales d'étendue analogue écrites par Wagner, on
peut citer : une phrase de Gurnemanz au 1er acte de *Parsifal* (*Das Heilthum*)
qui comprend 33 mesures, mais qui dure moins; une phrase de lamentation d'Amfortas, toujours dans *Parsifal*, qui comprend 32 mesures ; une autre,
de Brünnhilde, au 3e acte de *la Walkyrie* (34 mesures, mais assez animées), etc.

encore que, pour sa délivrance, — s'est immolé notre divin
Sauveur » (ce dernier vers est répété deux fois) (1). Ce THÈME
D'INTERCESSION OU DE RÉDEMPTION (21) indiqué déjà dans le membre
de phrase précédent, aux paroles : « Moi qui l'aimais », est la transformation décisive du motif 16 a : la jeune fille est devenue la Sainte,
martyre et rédemptrice d'amour; enfin l'on remarquera que la
deuxième partie de ce motif (21 b) se rattache au motif chanté par
Wolfram, l'extase du pur amour, sous la forme 19 d.

Ce thème est accompagné par la clarinette, les bassons et les
cors (2); aux 12ᵉ et 13ᵉ mesures, les altos font entendre un battement
de notes curieusement rythmé, effet qui se développera plus tard
avec un intense caractère expressif, et qui s'était produit déjà dans
les phrases précédentes.

<hr>

(1) En réalité, le texte de Wagner porte : « Je pleure (j'implore) pour lui,
j'implore pour sa vie; que, plein de repentir, il tourne ses pas vers la pénitence; qu'à nouveau lui soit donnée la force de croire que pour lui aussi, jadis,
le Rédempteur a souffert! »

(2) Le rythme initial de cette mélodie (c'est au début que tous les thèmes
prennent leur allure *caractéristique* et *décisive*, et que se trouvent pour
l'analyse les éléments importants, présente une septième ascendante *fa
dièse-mi*, divisée en parties *égales* par deux quartes justes *fa dièse-si*,
si-mi. Dans ce mouvement *adagio*, chaque note, chaque intervalle prend une
valeur personnelle pour ainsi dire. Cette septième, qui monte lentement,
exprime la longue supplication passionnée; la quarte est plus affirmative, et
son affirmation est rehaussée par les fonctions harmoniques des deux notes
qui ont le rôle de dominantes : c'est une demande de pardon adressée aux
hommes, avec la confiance, la certitude intérieure du pardon de Dieu, et au
milieu des larmes, la foi puissante du véritable amour — amour qui souffre
et qui offre sa douleur.

Après un cri désespéré de Tannhaeuser, les chevaliers-poètes et le landgraf font entendre, dans la même tonalité que le motif de rédemption, une large et belle mélodie, aux rythmes apaisés, qui va ramener bientôt le motif principal.

Le thème d'intercession (21) règne alors dans toute la masse chorale, adopté par les voix des ennemis même de Tannhaeuser, que l'héroïsme d'Elisabeth a désarmés; il progresse sur de grands rythmes trépidants, issus de la figure caractéristique précédemment signalée aux altos, pulsations puissantes qui ébranlent maintenant tout le quatuor.

Dans l'ancienne version, lorsque Tannhaeuser chantait sa poignante lamentation, l'ensemble choral continuait ou du moins *pourrait* continuer, d'après l'indication du compositeur. Mais, aux remaniements de 1860-61, Wagner supprima toute cette polyphonie vocale, laissant en pleine lumière la lamentation que Tannhaeuser chante désormais seul, page capitale pour la signification du rôle, et telle que tout doit être subordonné à l'expression de la crise morale traversée par le héros du drame. « Si le chanteur est *sûr* de son fait », écrit même Wagner à Liszt dans une lettre sur *Tannhaeuser* en faisant allusion à l'ensemble supprimé depuis, « laisse-le maître du mouvement! tous doivent le suivre — c'est lui seul qui commande ! » Et Wagner dit encore : « Dans ce passage du poème, dans ce chant, est toute la signification de la catastrophe de *Tann-haeuser* ; oui, l'être entier de Tannhaeuser lui-même, toute sa douleur, son sanglant pèlerinage, tout découle du sens de cette strophe. Si elle n'est là, le récit, au dernier acte, arrive trop tard pour nous exposer ce qui doit entrer ici dans notre sentiment avec la violence d'un orage .» Ceux qui ont le fameux « sens du théâtre », à la façon dont l'entendent beaucoup de directeurs et quelques critiques, en concluront naturellement qu'il y a là une coupure indiquée !...

Accompagnée par un trait dialogué entre les violons et les violon-celles — et par le rythme frémissant qui semble reproduire les battements désordonnés d'un cœur étreint d'angoisse, le spasme des sanglots, le frissonnement de l'être tout entier — la phrase de Tannhaeuser est un des exemples les plus saisissants de la puis-sance dramatique de la musique, avec ses accents de douleur, de désespoir, et ses cris déchirants (1).

L'ensemble qui suit, débutant par une rentrée canonique des voix, ramène, dans un *forlissimo,* les premières mesures du thème de rédemption, puis le motif « Un ange nous vient d'apparaître », que les voix apaisées redisent sans accompagnement et qui s'éteint *pia-nissimo,* sur un tremolo presque imperceptible des violoncelles, et sur l'accord de tonique planant comme une harmonie d'orgue dans le groupe des instruments à vent.

E. *Intervention du Landgraf.*

D'une voix ferme, dans un récit majestueux (en *mi* mineur, puis *sol* majeur), le landgraf dit à Tannhaeuser comment il doit racheter sa faute. Au début de ce récit nous remarquons, dessiné par le qua-tuor, un trait descendant, saccadé, que Wagner emploie fréquem-ment pour exprimer l'autorité, le commandement. (Cf. *Lohengrin,* le Roi ; *l'Anneau du Nibelung,* Wotan.) Le rythme caractéristique de ce trait a déjà été signalé dans la petite scène entre le landgraf et Elisabeth.

Tandis que le groupe des instruments à vent rappelle à trois reprises différentes le premier verset du choral des pèlerins au pre-

(1) L'effet de ce passage consiste en partie dans l'emploi du mode mineur (le *ré* naturel se substitue au *ré dièse* tierce), et principalement dans la *répé-tition* fréquente du sixième degré, note si expressive dans la gamme et qui se présente ici comme une altération (*sol* naturel au lieu de *sol dièse*). Dans le trio de *Guillaume Tell,* lorsqu'Arnold apprend le meurtre de son père, Rossini place dans la phrase vocale les notes *sol* naturel, *ut* naturel (bien que le ton soit celui de *mi* majeur), les répète et les soutient par des har-monies qui présentent une certaine analogie avec celles du passage consi-déré dans *Tannhaeuser.*

mier acte (12), sur un contrepoint fleuri du quatuor que soutient
une basse continue, le landgraf ordonne au chevalier de suivre les
pèlerins qui vont à Rome pour implorer le pardon du Pontife.

F. Ensemble et Chœur final.

Après les paroles du landgraf, un chant s'élève, d'un caractère
religieux, avec une allure de choral, malgré la rapidité relative du
mouvement et l'énergique résolution de l'accent. Ce thème, qu'on
pourrait appeler le *thème du départ pour Rome*, est d'une forte
déclamation, d'une écriture très simple en rondes et en blanches ; il
fournit un développement magistral de 48 mesures. Les notes
initiales, une quarte ascendante, de la dominante à la tonique, présentent une affirmation très nette, comme tous les motifs wagnériens où domine la puissance de la foi.

Chanté à l'unisson par Walther, Henri le Scribe, Wolfram, ren-
forcé par des figures accessoires que disent Reinmar, Biterolf et le
landgraf, il est repris dans son étendue intégrale par Elisabeth,
qui, changeant ce thème religieux mais résolu en une ardente prière
pour le pardon, le fait planer, comme un fervent *cantus firmus*, sur
les brefs contrepoints du chœur.

En ce chœur, parmi la foule des chevaliers, la menace gronde toujours, plus sourdement ; tantôt les voix, comme au début de ce
chant, se groupent sur de courtes phrases exprimant une série d'idées
(le voyage à Rome — le pardon du Saint-Père — s'il ne pardonne
pas, l'exil de la Wartburg — et un châtiment terrible), tantôt, lorsqu'Elisabeth chante seule le thème, les voix se divisent sur des

figures rythmiques très brèves, quelques mots qui volent de bouche
en bouche, plus rapides, plus pressés :

enfin, dans la dernière partie de cet ensemble, quand le mouvement devient plus rapide et que de nombreuses modulations passagères se succèdent, toutes les voix se réunissent de nouveau pour
lancer à Tannhaeuser le terrible ultimatum : la mort, si Dieu ne
pardonne pas !

A ce moment un chant retentit au loin ; ce sont les jeunes pèlerins
qui passent dans la vallée, répétant les deux derniers versets du
choral (conclusion du motif **12**, qui dit la marche grave et confiante
des pénitents vers le pardon).

L'effet de ces voix aiguës, au milieu du silence absolu de
l'orchestre, est tout à fait saisissant ; Tannhaeuser, dans un élan de
contrition et d'amour, se précipite aux pieds d'Elisabeth, embrasse
le bas de sa robe, tandis qu'aux violons surgit, sans accompagnement, un dessin tumultueux, strident, dont l'écriture chromatique et
le rythme bouleversé sont d'une force et d'une justesse dramatiques
extraordinaires (1). Alors, sur les deux premières notes du thème
de départ pour la Ville du pardon, thème continué par l'orchestre,
la voix de Tannhaeuser et toutes les voix du chœur crient ces seuls
mots : « A Rome ! »

(1) On peut comparer à ce trait certains dessins de *Tristan*, entre autres
le trait exprimant l'effroyable convulsion morale qui saisit Tristan et Iseult,
après qu'ils ont bu le breuvage d'amour et qu'ils croient sentir en eux, dans
cet embrasement soudain du philtre, le frisson même de la mort qui doit
affranchir leur amour des contraintes et des mensonges de la vie.

ACTE III

Le troisième acte de *Tannhæuser* est l'une des parties les plus
caractéristiques de tout l'œuvre wagnérien. Il resplendit de la
beauté absolue des purs chefs-d'œuvre ; par sa conception comme
par sa réalisation, il peut être rapproché des dernières productions
du maître, et jamais l'émotion dramatique n'a été obtenue avec une
plénitude plus parfaite et une supérieure intensité.

L'action dramatique morale atteint ici son maximum de puissance, tandis que l'action extérieure passe tout à fait au second
plan. Le dénouement se prépare et éclate dans les âmes. Aussi,
en cet acte, le rôle actif de la musique grandit encore. Toutes
les situations du drame ayant été déterminées, expliquées ou
annoncées par les scènes précédentes, aucune obscurité n'est plus
à craindre, et le pouvoir expressif de la musique s'exerce sans
restriction, dépassant toutes les possibilités de la parole. Dans telle
page de cet acte, la musique — qui est par excellence la grande
évocatrice du passé — résumera l'œuvre entière par la succession
de quelques motifs ; dans telle autre, elle manifestera, beaucoup
mieux que le dialogue ne pourrait le faire, les sentiments des
personnages : elle montrera, d'une manière intuitive, immédiate et
directe, ce que les paroles ne sauraient exprimer sans de labo-
rieuses explications et sans ôter aux émotions toute spontanéité et
toute délicatesse. Sans elle, nous ne saurions pas combien l'amour
de Wolfram pour Elisabeth est profond, ni la nature exacte de la
crise effroyable que traverse l'âme de Tannhaeuser.

Dans ce troisième acte, les thèmes relatifs à Elisabeth arrivent à
leurs formes suprêmes ; l'inspiration lyrique, si religieuse et si
tendre, de Wolfram, trouve aussi son aboutissement dans un chant
dernier de la plus noble expression ; les thèmes relatifs à Tann-

hæuser présentent des formes nouvelles, groupements définitifs, au point de vue du rythme, de la mélodie et de l'harmonie, d'éléments dont il serait possible de retrouver les origines aux actes précédents. Enfin, des motifs religieux de foi, de pardon, d'action de grâces, procédent de nouveaux thèmes, très nettement accusés et qui jouent un rôle capital dans la deuxième partie de l'acte.

L'orchestration n'est pas moins remarquable. Les groupements de timbres, comme les thèmes, prennent un caractère très frappant, définitif en quelque sorte. Le quatuor à cordes accompagne seul la plupart des récitatifs, ou même des passages de simple déclamation musicale — en dehors naturellement des *tutti;* il intervient dans les jeux de scène, dans ce qu'on pourrait nommer la musique des mouvements scéniques. Les instruments à vent, bois ou cuivres, forment fréquemment, à eux seuls, la trame essentielle des mélodies et harmonies. Au premier groupe — flûtes, hautbois, clarinettes, cors et bassons — correspondent le plus souvent les phrases relatives à l'intercession, à l'idée du sacrifice (Elisabeth, et parfois Wolfram unissant le dévouement de son amitié et de son amour à la prière rédemptrice d'Elisabeth), et les strophes du premier choral des pèlerins. Il intervient aussi, et puissamment, pour les thèmes du Venusberg, mais provenant surtout d'orchestres distincts de l'orchestre expressif qui accompagne l'ensemble du drame moral, et d'ailleurs avec une dynamique toute différente et des rythmes tout contraires ; aucune confusion entre les deux rôles de ce groupe n'est donc possible. De plus, quand ces thèmes du Venusberg apparaissent, les cordes font entendre des tremolos aigus, ou doublent le contour mélodique par le frémissant scintillement de leurs notes répétées. La grande voix des cuivres — trompettes et trombones — grave, solennelle, mystérieuse dans la nuance *piano*, devient formidable dans le *forte;* elle est réservée à un rôle spécial : c'est elle qui exprime la grandeur, la majesté de l'idée religieuse et sa toute-puissance divine. Déjà, aux actes précédents, ce rôle avait été indiqué, surtout en ce qui concerne les trombones (voir les trois grands accords qui anéantissent le Venusberg, et l'accompagnement du deuxième chant de Wolfram, au second acte, où les trombones jouent *pianissimo*); c'est aussi, du reste, la fonction essentielle qu'ils ont dans l'ouverture. Enfin quelques instruments, entendus à découvert ou quelquefois même isolément, se personnalisent, résument les sentiments qui dominent en certains rôles : ainsi la sonorité grave et expressive du violoncelle, lorsqu'elle s'isole, se rapporte à Wolfram, et le timbre du hautbois, féminin, plaintif, susceptible de la plus douloureuse expression, se précise tout spécialement dans le rôle d'Elisabeth. Par exemple, lorsque ces deux instruments sont entendus à la fin du prélude, le compositeur nous annonce qu'Elisabeth est là, dans l'attente et la prière, et que le religieux amour de Wolfram veille son attente, s'unit à sa prière, dans le renoncement et le silence.

L'harmonie présente des oppositions analogues, un emploi non moins rationnel et logique de ses ressources. Les tonalités bémolisées, principalement celle de *mi bémol majeur*, dominent dans ce troisième acte, où leur couleur contraste avec l'éclat des tonalités diésées du précédent finale. Si l'on jetait un coup d'œil en arrière, on verrait que le choix des tons a été rigoureusement fait dans toutes les parties du drame [1]. L'écriture du dernier acte est simple, régulière, peu chargée de notes ; les modulations sont relativement rares : quand la situation reste la même, le fond de l'harmonie change aussi peu que possible. Ainsi lorsque Elisabeth, agenouillée devant l'image de la Vierge, dit sa prière mortuaire puis lentement s'éloigne, en cette scène où toute vie semble suspendue, la tonalité inentendue jusque-là de *sol bémol majeur* persiste, immobile, enveloppant les différents motifs, leur donnant l'uniforme mélancolie des choses du passé, le deuil de tout bonheur terrestre, le renoncement solennel aux choses d'ici-bas : c'est l'état d'une âme déjà hors du temps. Plus loin, au contraire, à l'apparition de Vénus, — scène qui doit avoir pour Tannhaeuser toute l'intensité d'une vie présente, immédiate, aux ardentes séductions — les thèmes du Venusberg gardent leur instrumentation propre et le coloris de leur tonalité première, tonalité de l'ouverture et de la bacchanale (*mi naturel majeur*), avec ses passagères déviations. Les auditeurs de l'œuvre ont pu remarquer également que Tannhaeuser,

(1) Armures chargées, brillantes et chaudes, puis tonalités simples et claires, champêtres, au premier acte ; dans la deuxième partie du second acte, impression prédominante de *si* majeur ; au troisième acte, prépondérance du ton de *mi bémol*.

au deuxième acte, répondant au chant de Wolfram en *mi bémol*,
entonne *ex abrupto* la louange de Vénus en *mi naturel majeur* (1).
Dans l'ancienne partition, Wagner, au troisième acte, se trouvait
employer pour le motif de la séduction de Vénus (7) la même
tonalité qu'au premier acte (scène II), c'est-à-dire *fa dièse majeur*,
mais, dans la nouvelle partition, il a eu soin de faire apparaître ce
motif, au premier acte, en *fa naturel* ; de cette façon, lorsque Tannhaeuser, au dernier acte, le reprend en *fa dièse*, la tonalité du
motif se hausse, se « force » d'un demi-ton, et prend, dans la voix
désespérée de Tannhaeuser comme au tremolendo des cordes, une
couleur plus chaude, un éclat plus sonore et plus strident. Cette
compréhension de la tonalité, si complète, si simple, si féconde en
applications, et que nul compositeur n'a possédée comme Wagner,
est une précieuse ressource pour le drame musical. Elle donne à
l'écriture une grande clarté, un coloris très puissant, assure aux
effets un ordre et une logique. L'auditeur, qui n'a point à analyser
l'œuvre d'art, mais à la ressentir, ne se rend pas compte des
moyens employés, mais il en subit l'impression. D'un mot, il n'y a
pas en cette musique une modulation, une succession harmonique,
une mélodie, un rythme, qui n'aient dans le drame même leur raison
d'être, leur justification poétique et humaine.

PRÉLUDE

L'introduction symphonique du troisième acte, intitulée « le Pélerinage de Tannhaeuser », s'explique d'elle-même, pour peu que
l'on prête quelque attention à la succession des motifs.

Le « chœur » grave des instruments à vent exécute, en *mi bémol
majeur*, le choral des pèlerins au premier acte (12) : « Je viens à toi,

(1) L'opposition des deux tonalités est là très caractéristique. D'ailleurs
le rôle de Wolfram côtoie presque constamment les harmonies de *mi bémol*.
À d'autres points de vue, ceux de la progression dans l'éclat vocal et dans
a dramatique tension du sentiment, on observera que cette répétition en
mi majeur de la louange à Vénus (motif 6), au deuxième acte, donne la gradation suivante pour les quatre tonalités de ce chant lorsque Tannhaeuser
le proclame : *ré bémol, ré naturel, mi bémol, mi naturel.*

mon Rédempteur » ; avec les versets de ce chant instrumental, le
chœur aigu du même groupe fait alterner le motif d'intercession
d'Elisabeth (**21**), car c'est *elle*, qui, par l'amour de son cœur déchiré,
son dévouement et sa prière, décide Tannhaeuser à partir, à suivre
les pèlerins qui vont à Rome ; c'est elle dont la pensée, dont l'image
lumineuse planent sur le voyage d'expiation. Puis, entre les versets
suivants, un motif nouveau s'intercale (**23**), figure rythmique et mélodique relative à Tannhaeuser, et composée de deux éléments, l'élément a, qui correspond surtout à la marche humiliée du pénitent, à
ses pas douloureux, lents, brisés, s'arrachant du sol avec effort,
et l'élément b (1), qui est principalement une plainte, un gémissement de contrition et de souffrance.

Les pèlerins arrivent à la Ville Éternelle ; sur les tenues des
instruments à vent, puis sous leur trille de plus en plus accentué,
les cordes font entendre le motif de jubilation (**3**) ; alors les cuivres,
qui désormais vont être opposés à tout le reste de l'orchestre, entonnent, avec une allure grandiose, les deux phrases d'un motif nouveau, le MOTIF DU PARDON (**24**) :

(1) Il est intéressant de comparer cet élément b du motif 23, et l'harmonie
qui le souligne, au passage de *la Walkyrie* (acte III), où Brünnhilde, sur la
sommation irritée de Wotan, sort lentement du groupe de ses sœurs et se présente devant son père. L'analogie entre ces deux passages touche à l'identité.

La première de ces deux phrases figure ici sur l'exemple ; la seconde, qui parait après un retour du motif de jubilation, est un peu plus longue, mais présente les mêmes dispositions rythmiques (1). Après la troisième reprise du motif de jubilation, la sonorité décroît, et, dit *pianissimo* par les chanterelles (quatre violons avec sourdines), le thème du pardon revient, planant mystérieusement dans les hauteurs.

Les dernières mesures du prélude contiennent une phrase de hautbois exprimant l'attente angoissée d'Élisabeth, puis un rappel du motif de rédemption (24, hautbois et clarinette, et ensuite, par imitation rythmique, flûte et petite flûte), enfin un long dessin de violoncelle... Le rideau se lève ; c'est l'automne, et la tristesse du crépuscule, dans la vallée au pied de la Wartburg ; Élisabeth est là, prosternée devant une image de la Vierge, et Wolfram, debout à quelque distance, contemple silencieusement la jeune fille en prière.

Scène I. — *Wolfram. Élisabeth. Les Pèlerins.*

A. *Récit de Wolfram.* — Ce grand aparté de Wolfram est un récit mesuré, très chantant, avec deux phrases de récitatif plus libre, au début et au milieu. Le premier de ces courts récitatifs est suivi par une belle phrase douloureuse que le quatuor accompagne sur un rythme syncopé très significatif, et qui présente, lorsqu'elle conclut en *mi bémol,* la cadence caractéristique (19 b) que nous avons rencontrée déjà au premier chant de concours de Wolfram. De plus, cette phrase contient un mouvement mélodique d'une grande importance expressive, lorsque Wolfram parle de l'amour saint qui anime Élisabeth ; cette forme, voisine (quoique de mouvement inverse) du groupe des motifs 19, correspond à l'aspiration suprême de l'amour véritable, au sacrifice, *au don de soi-même par amour* (25).

---

(1) Ce motif du pardon est un thème qui figurait déjà dans une œuvre antérieure de Wagner, *Das Liebesverbot (La Défense d'aimer).*

Dans la première version de *Tannhaeuser,* le prélude du troisième acte était beaucoup plus développé : les motifs douloureux du pèlerinage reparaissaient et le thème de malédiction, dont il sera parlé plus loin, s'y faisait entendre.

A cette phrase répond aussitôt, dans l'orchestre (groupe des instruments à vent), le motif **19 c**, emprunté au deuxième chant de concours de Wolfram, et symbolisant toujours l'extase de l'amour pur. Le second récitatif, au milieu duquel les violons et altos font entendre un verset du choral des pèlerins au premier acte (**12**), amène, comme le premier, une phrase plus longue, très expressive, très fervente, où reparaît un instant la forme mélodique (**25 a**) et qui se termine par la cadence parfaite, sous l'aspect caractéristique signalé plus haut. A ce moment précis, le chant des pèlerins commence

B. *Chœur des pèlerins.*

C'est la première fois que ce motif **1**, exposé dans l'ouverture comme une prophétie dont on attend l'accomplissement pendant le drame, est chanté sur la scène. Cette phrase, qui par sa beauté suffirait à rendre une œuvre immortelle, se trouve écrite ainsi en la conclusion du drame comme sur son frontispice. Elle le domine, en résume l'élément supérieur et dernier. Son rythme fondamental consiste dans l'emploi des accents métriques dans une mesure lente battue à trois temps (1er et 3e temps) : le premier accent porte sur une note de valeur double de celle affectée au second ; la valeur relative au deuxième accent peut se subdiviser en valeurs moindres. Wagner a écrit ce rythme de plusieurs manières, mais en maintenant toujours ces deux lois caractéristiques .

— à trois-quatre :

— à trois-deux :

— enfin, avec des valeurs très agrandies, où nous figurons une mesure idéale de trois rondes :

De la subdivision en triolets de la valeur affectée au deuxième accent (b), Wagner a tiré une formule d'accompagnement et des éléments pour les autres motifs religieux :

Subdivision en trois valeurs égales

— le triolet des cordes répétant les accords, associé, dans le *forte*, au trait de jubilation (3) des violons ;

— les notes principales du thème du pardon (24)

Subdivision en valeurs inégales

— le second membre du thème 1 lui-même :

— la phrase de la contrition présentée ici, comme dans l'ouverture, sous sa forme définitive (2), tandis que, dans le choral du premier acte, au contraire, elle était écrite à quatre temps, et la valeur de **b** y était légèrement modifiée, pour l'appuyer sur un accent métrique (3ᵉ temps) et mieux équilibrer la phrase :

Au point de vue harmonique, nous remarquerons que les deux membres du thème **1** offrent d'abord une demi-cadence, puis que le motif arrive à une modulation dans le ton de la dominante ; la conclusion sur la tonique est donnée par une phrase supplémentaire (10 mesures sur les mots : « Alleluia pour l'éternité ! »), phrase qui, en sa cadence finale, procède mélodiquement de **1 a**. L'intervalle de quarte descendante qui dans **1 a** succède à la quarte ascendante initiale se trouve ici comblé par degrés conjoints. C'est la première apparition nette du motif qui correspondra au MIRACLE DE LA RÉDEMPTION **(26)**.

Dès cet instant on peut comparer ce motif **26.** même sous sa première forme, au motif de la foi *(Glaubensmotiv)* de *Parsifal*. Dans l'ouverture, cette conclusion, privée de la quarte initiale, se soudait directement au motif **1** :

il en est également ainsi dans la scène finale du troisième acte.

Revenons à la scène présente, où nous retrouvons, au point de vue de la sonorité, la disposition de l'ouverture : les pèlerins chantent sans accompagnement, au loin, se rapprochant peu à peu, jusqu'à leur entrée en scène, où l'orchestre les accompagne avec puissance, ramenant le motif de jubilation (3). Wagner a ajouté à ce bel ensemble, comme éléments dramatiques nouveaux, quelques paroles prononcées par Elisabeth et Wolfram — lorsqu'ils cherchent tous deux, mais chacun à part, Tannhaeuser dans les rangs des pèlerins — et des tremolos des cordes accompagnant ces paroles. Mais Tannhaeuser n'est pas avec les pardonnés... Le pieux cortège s'éloigne, les voix s'éteignent dans un nouveau silence de l'orchestre, et, transition saisissante, les cors et bassons font moduler l'harmonie au ton de *sol bémol majeur*, en partant du dernier accord vocal :

C. *Prière d'Elisabeth.*

La prière d'Elisabeth est d'une grande unité d'expression et d'effet ; cependant, on y peut distinguer quatre phrases d'inégale durée et de mouvements différents.

La première phrase (18 mesures) commence et finit en *sol bémol majeur* ; elle débute par cette puissante quarte ascendante — de la dominante à la tonique — si générale dans les motifs par lesquels

Wagner exprime la foi religieuse, l'intensité de l'invocation, de l'appel à la toute-puissance :

Sur la note la plus accentuée, le *sol bémol*, les trombones frappent un accord tragique; pendant les huit premières mesures, la voix, comme épuisée par ce cri suprême, ne s'élève qu'avec peine pour retomber aussitôt. Alors, avec une tristesse infinie, le motif **16**, qui, au deuxième acte, personnifiait musicalement la jeune fille et son amour, revient transformé; la voix le chante, et la clarinette-basse le reprend, dans un gémissement lugubre :

Ce motif qui signifiait la grâce charmante, la tendresse candide et enjouée, la mort l'a touché de son aile; quant à la longue descente mélodique qui le suit, elle avait été déjà ébauchée en un passage du deuxième acte, lorsque Elisabeth parlait de l'absence de Tannhaeuser (« Plus de joie et plus d'espérance... »), et dans la phrase de hautbois qui se trouve à la fin du prélude du troisième acte.

La seconde phrase (16 mesures), un peu moins lente, pourrait être considérée comme le thème principal de la prière d'Elisabeth. Par de douces mais pénétrantes harmonies, [elle]va du ton initial au ton de la dominante.

Dans la phrase suivante (2) mesures, d'un mouvement un peu accéléré), des modulations passagères, dont quelques-unes enharmoniques, des syncopes, des accords de septième diminuée et de neuvième mineure contrastent avec la simplicité d'écriture des phrases précédentes. En particulier, le rythme syncopé rappelle une phrase signalée dans le récit de Wolfram, au commencement de la scène. « Si j'ai pu former un désir coupable, dit Elisabeth, si j'ai pu croire à l'illusion des joies terrestres, pardonne, ô Vierge sainte, car tu sais au prix de quelles souffrances je l'ai tuée en moi !... » Après cette succession d'harmonies troubles et gémissantes, la tonalité conclut en *mi bémol mineur*.

Dans la dernière phrase, la plus longue de toutes (40 mesures) qui ramène le ton et le mouvement primitifs, le motif **16** se réunit au thème principal, qui, en réalité, est une forme mélodique évoluant vers le motif **25**, car, en sa terminaison, ce motif **25** apparaît, supplication ardente, don suprême de l'existence, où l'âme brisée d'Elisabeth rassemble toutes ses forces pour obtenir, en échange de son sacrifice, le pardon final de Tannhaeuser :

L'accompagnement de cette page sublime est une véritable partie d'orgue réalisée par l'orchestre : il est écrit dans la couleur d'un plain-chant, en rondes avec quelques blanches, sauf aux passages plus mouvementés, et confié aux seuls instruments à vent, parmi lesquels se détache le timbre de la clarinette-basse.

D. *Mimodrame.*

Elisabeth est restée agenouillée, en une extase mystique ; de lents accords vibrent dans les régions supérieures :

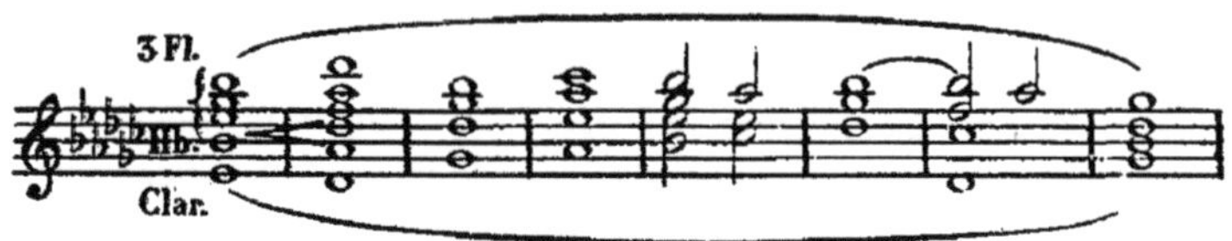

il semble que ces orgues aériennes, entr'ouvrant le ciel, apportent, avec l'acceptation céleste du sacrifice, l'effusion d'un amour qui n'a plus rien de terrestre, et qui, dans la mort, s'affirme pour l'éternité.

A ces voix éthérées répondent les chanterelles des violoncelles : Wolfram s'est approché d'Elisabeth pour lui parler. Mais, tandis que celle-ci l'arrête d'un geste, la flûte, puis la clarinette, reproduisent, avec un accent douloureux, un fragment du thème d'intercession qui doit racheter Tannhaeuser (21), fragment qui participe aussi du motif **19 d**, par lequel Wolfram chantait la sainteté du pur amour :

Aux paroles du chanteur : « Elisabeth, permets-tu que je t'accompagne ? » la jeune fille répond par un doux signe de refus, et, gravissant la colline, elle s'éloigne lentement.

Les sentiments qui animent cette scène muette, — sans exemple jusque-là au théâtre — sont exprimés d'une façon saisissante par la succession des motifs :

— le motif du deuxième acte (**17**, « Jadis de nos poètes... »), sur lequel Elisabeth disait à Tannhaeuser que seul entre les poètes il avait su la charmer par ses chants : il est exposé ici par la clarinette, et semble achever la réponse silencieuse de la jeune fille à Wolfram, par la formule de doux remerciement qui s'appliquait autrefois à Tannhaeuser ;

— le motif de rédemption (21), dit par le hautbois d'abord, par la flûte ensuite, avec de légères modifications en ses intervalles, et qui semble indiquer qu'Elisabeth doit remplir au ciel une haute mission ;

— une phrase de la prière, dite par le hautbois, correspondant aux paroles : « De cette terre emporte-moi », et qui rappelle que le sacrifice va s'accomplir par la mort (1).

Elisabeth s'est engagée sur le sentier qui monte à la Wartburg. Sous les accords syncopés des trois flûtes, la clarinette-basse fait entendre le deuxième chant de concours de Wolfram, le chant qui disait le los du saint amour (commençant par le motif **20** et continuant par le motif **19**, où interviennent les flûtes); ensuite paraissent les accords mystiques (dits par les flûtes), qui suivirent tout à l'heure les derniers mots de la prière ; puis on entend le motif de rédemption (**21**), dont les intervalles se sont resserrés, et qui lentement s'élève, au milieu des arpèges des harpes, comme s'il portait, aux régions célestes, l'âme de la douce martyre. A ce moment, Elisabeth a disparu.

Scène II. — *Wolfram.*

Le « Chant de l'Etoile » n'a pas échappé aux critiques de quelques wagnériens, d'une compréhension un peu étroite sans doute, qui veulent y voir une romance d'opéra. La vérité est qu'elle est trop connue et que son succès même lui a fait tort. Ce succès lui a valu souvent une interprétation conventionelle, fausse, bornée à des effets de voix, à des *pianissimo* subits et à de surprenants *forte ;* sous ces altérations, et par l'erreur d'artistes qui prennent trop à la lettre ces deux mots Romance, Etoile, oubliant ou ignorant les significations réelles, cette admirable page perd fréquemment son caractère. Replacée dans son milieu, en plein drame, c'est une inspiration très belle, qui, par l'analogie des rythmes et les mêmes allusions poétiques, se relie directement aux autres parties

____

(1) Il nous faut bien insister ici sur ce point capital, qu'Elisabeth meurt de sa douleur, de son amour, de son désir d'offrir sa vie pour le salut de Tannhaeuser : elle meurt, en quelque façon, de sa prière, prière que Dieu a exaucée. Il n'est pas question, un seul instant, de suicide, — idée incompatible avec la foi chrétienne et la sainteté d'Elisabeth, bien que cette énormité ait pu être dite et imprimée.

du rôle, au cantabile en *ré* de Wolfram et à ses deux chants lyriques du deuxième acte.

Ecoutons le superbe récitatif, où nul contrepoint ne vient entraver la liberté de la déclamation : sous la phrase vocale, d'un contour grave et noble, les trombones, plaçant de larges accords, mêlent leur majesté funèbre aux poétiques arpèges de la harpe. La nuit est venue, avec ses ténèbres et ses angoisses ; le groupe élevé des instruments à vents pose, *pianissimo*, trois longs accords parfaits dont les fondamentales descendent d'un ton *(ré, ut, si bémol* (1), et, pendant que les violons à l'aigu font entendre un scintillement mystérieux, dans le ciel sombre une étoile apparaît. Wolfram l'a souvent contemplée en ses longues rêveries ; il en a fait le symbole de l'amour qui fut la lumière immaculée de son existence ; une fois encore, le doux poète chantera l'astre qui rayonne dans les ténèbres. Le rythme s'éveille, une mélodie monte à ses lèvres, triste et touchant adieu de son cœur :

Cette mélodie est écrite dans la tonalité de *sol* majeur, sur laquelle des harmonies étrangères semblent projeter des ombres ; chacun de ses membres (8 mesures) revient au ton de *sol*, et les deux premiers se répètent dans leur plus grande partie ; dans les deux autres, l'impression des accords mineurs domine ; vers la fin de la phrase, une modulation passagère en *ut dièse mineur*, accentuée par les trombones et par les tremolos du quatuor, exprime la tragique solennité de la mort que le poète sent passer, funèbre grandeur où frémit le frisson de la vie éternelle. Remarquons enfin

(1) Comparer cette succession harmonique à la succession, pareillement toute palestrinienne, qui précède le premier chant de concours de Wolfram, et à celles qui accompagnent la disparition d'Elisabeth dans la scène qui vient de finir.

la belle symétrie d'art par laquelle le dessin chromatique du début, limité par une quinte descendante *(ré, ut dièse, ut naturel, si, si bémol, la, sol)* correspond à celui qui se trouve vers la fin, où cet intervalle de quinte est parcouru en sens contraire *(mi, fa dièse, sol, sol dièse, la, la dièse, si)*.

Tandis que Wolfram reste les yeux fixés sur l'Etoile, les violoncelles, dans la sonorité pleine et soutenue de la seconde corde, redisent les seize premières mesures de la mélodie, y ajoutant une terminaison qui module vers *ré mineur*. Mais la phrase s'interrompt : au fond de la scène, Tannhaeuser vient d'apparaitre, lugubre, sa robe de pèlerin toute déchirée, la démarche lasse, le visage effrayant.

Scène III. — *Tannhaeuser, Wolfram, puis, plus tard, Vénus, Walther, Henri le Scribe, Bilerolf, Reinmar, le Landgraf, les Seigneurs et les Pèlerins.*

A. *Rencontre de Wolfram et de Tannhaeuser.*

Un nouveau motif surgit à l'orchestre, celui de l'ANATHÈME (**27**) ; dans un timbre sinistre, en sons bouchés, les cors répètent lentement une même note (**a**) : arrêt terrible, immodifiable, que le quatuor vient souligner d'un geste bref, implacablement (**b**) :

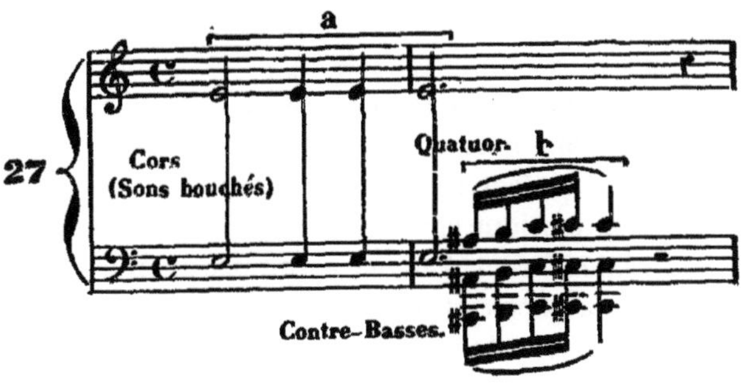

Dans les explications qui suivent, l'écriture présente des changements de mouvements très fréquents. La parole de Tannhaeuser est,

pour ainsi dire, paralysée par ce motif de malédiction qui le pour-
suit; la lenteur de son débit contraste avec les questions pressantes
de Wolfram. Le dialogue est plus d'une fois accompagné par de
longues tenues (aux bois généralement), alternant avec les dessins
plus ou moins rapides du quatuor.

Wolfram, qui n'a pas encore reconnu Tannhaeuser, s'approche de
lui : « Qui donc es-tu, toi qui marches solitaire ? — Je te connais
bien, toi, Wolfram, le très excellent chanteur ! » répond Tannhaeuser, reprenant lentement le même rythme avec une amère ironie.
La vue de Wolfram a ravivé toutes les rancunes de son âme, qu'em-
plissent maintenant le désespoir et la haine.

A cette question : « Si tu n'es pas pardonné, comment se fait-il
que tu reviennes à la Wartburg ? » Tannhaeuser répond, la voix
étrange, l'œil égaré : il ne vient pas ici chercher Wolfram et les
pareils de Wolfram ! ce qu'il demande à son rival, c'est de lui indiquer le chemin du Venusberg !

A ce moment, deux thèmes apparaissent à l'orchestre, le thème
typique du Venusberg (**4**, à la clarinette) et le grand motif d'ivresse
de la Bacchanale (**5 a**, au quatuor).

Indigné, terrifié, Wolfram se récrie, puis interroge : « D'où
viens-tu donc ? N'étais-tu pas à Rome ? — Tais-toi, tais-toi ! »
réplique Tannhaeuser avec fureur, et, comme le chanteur le supplie,
le malheureux, sur le *rythme* de la malédiction (comp. **27 a**)
laisse tomber ces mots : « Oui, moi, j'étais à Rome ! »

Devant cet aveu qui lui fait entrevoir un abîme de misère et de
désespérance, Wolfram est pris de pitié : les flûtes, les clarinettes
et les hautbois font entendre le motif d'intercession (**21**). La musique
exprime ici, admirablement, ce qui se passe dans l'âme des personnages. Elisabeth, dont le nom n'est pas prononcé, et qu'à ce moment
du drame la musique seule évoque, Elisabeth réunira encore ceux
qu'une rivalité d'art et d'amour aurait pu séparer, ceux que la malédiction, le blasphème et le crime devraient éloigner à jamais l'un
de l'autre. Le nom de la Sainte est mentalement dit par Wolfram :
le noble chanteur comprend qu'il a le devoir de ne pas abandonner,
dans cette crise suprême, celui qu'Elisabeth a aimé ; et nous saisis-
sons tout le sens de la parole de Tannhaeuser, qui croyait avoir
devant lui un rival : « Qu'entends-je ?... Tu n'es donc pas mon

ennemi ? » Alors, après la généreuse protestation de Wolfram qui, lui aussi, a fait un sacrifice, Tannhaeuser dit, dans un mouvement lent, où l'accompagnement se réduit à de longues tenues : « Eh bien ! tu vas apprendre, toi, mais toi seul, ce qui s'est passé... N'approche pas!.. La place où je suis est maudite (le thème de la malédiction, **27**, paraît ici une fois encore)... Entends, Wolfram !... Entends ! »

B. *Récit du pèlerinage.*

Le récit du pèlerinage est la plus belle partie du rôle de Tannhaeuser, page sublime, mais extrêmement difficile, à cause de la continuité de l'effort qu'elle exige (159 mesures dans un mouvement lent, jusqu'à l'*allegro* qui va amener l'apparition de Vénus). Ce récit est un des plus grands effets que puisse produire le théâtre : il ne contient pourtant aucun artifice extérieur, c'est en lui-même qu'il puise toute sa force dramatique, et la justesse de l'expression est telle que nous avons l'illusion des choses vues. C'est un tableau saisissant, nous montrant le long voyage à Rome, la foule des pèlerins toujours présente, l'opposition qu'il y a entre elle et Tannhaeuser, l'antithèse incluse dans le terrible dénouement, le pardon accordé à tous, refusé à lui, Tannhaeuser, qui criait son repentir du fond de ses entrailles. Les moyens employés par le maître ont une simplicité géniale : les trois thèmes dont il se sert ont été entendus déjà, soit dans cette scène, soit dans le prélude. Wagner y a ajouté une figure rythmique (dans le quatuor), exprimant le mouvement, l'agitation de la foule, quand elle arrive à la Ville Éternelle.

Le récit commence par deux phrases que nous pouvons rapprocher, phrases inégales, assez longues (21 et 37 mesures), allant toutes deux de *la mineur* vers *fa majeur*. Au début de chacune d'elles, se trouve répété plusieurs fois le thème de la marche sanglante (**23**), dont quelques accents sont reproduits dans le chant vocal, d'une tristesse si désolée. Les deux phrases offrent la même terminaison, une cadence d'une expression déchirante où Tannhaeuser parle de son aspiration à s'unir par la souffrance volontaire au sacrifice, au don sublime d'Elisabeth, de cet ange dont les larmes ont coulé pour lui, indigne pécheur :

L'emploi du hautbois dans ce passage est également très significatif d'Elisabeth. Dans la seconde phrase, cette terminaison est
plus brève : nous remarquerons, en cette deuxième phrase, le
contrepoint en croches exécuté par les violons, et, dans l'alternance des harmonies majeures et mineures (en conformité avec les
paroles), la première indication de l'antithèse que nous avons
annoncée et qui ira grandissant jusqu'à la fin : la foule marche d'un
pas calme, d'une allure confiante; lui, le corps brisé, l'âme torturée,
choisit les chemins les plus âpres, s'expose aux feux du soleil, se
condamne aux souffrances de la soif.

Venons aux deux phrases suivantes, d'un caractère plus descriptif :
les pèlerins arrivent à Rome, les cloches tintent, un chant religieux
s'élève. Wagner emploie une nouvelle figure rythmique, un tremolo
ascendant des violons, accompagné par les frémissements du reste
du quatuor. Ce dessin conduit l'harmonie en *ré bémol majeur*, où,
après quelques lents accords (bois, puis cordes), le groupe aigu des
instruments à vent fait entendre dans tout son développement le
thème du pardon (**24**).

Une nouvelle agitation se produit dans la foule à la vue du Souverain Pontife ; le même dessin des violons conduit l'harmonie vers
mi bémol, et le thème du pardon, à qui le chant emprunte çà et là
ses notes caractéristiques, reparaît, dans la sonorité puissante des
cuivres : « Et sa voix annonçait le pardon, la grâce, au peuple —
en lui disant : Relevez-vous ! soyez absous ! »

La dernière partie du récit est relative à Tannhaeuser. Un sourd
roulement de timbales retentit, suivi du thème de la marche san-

glante (**23**) plusieurs fois répété par les violoncelles et les altos :
« Alors, je m'approchai... » Au milieu des harmonies brisées, des
tremolos des cordes, Tannhaeuser, d'une voix qui s'élève peu à
peu, raconte qu'il confessa ses fautes, supplia... *Pianissimo*, les
cuivres posent de sinistres accords, et un long silence se fait.

La réponse du Pape est dite lentement, dans une déclamation
uniforme, sans accompagnement, en notes répétées ; c'est, malgré
la multiplicité de ces notes, le thème de malédiction (**27**).

Le trait du quatuor (**b**) et l'accord de septième diminuée rugi par
les trombones accentuent la syllabe qui termine chaque vers. Pour
redire l'arrêt qui le condamne éternellement, Tannhaeuser retrouve
une voix effrayante, rauque et terrible... La phrase, après s'être un
peu élargie (« comme ce bâton, dans ma main, de fleurs ne pourra
se couvrir... »), revient à la note menaçante du début, et le motif
d'anathème (**27**) est redit une dernière fois, *fortissimo*, par les
cuivres.

Nouveau silence. Quelques pizzicati, dans le ton initial *(la
mineur)* accompagnent un court récitatif : « Foudroyé... je tombai...
devant cette menace... » Tannhaeuser s'arrête encore ; puis, sans
transition aucune — comme pour traduire un fait humainement
inconciliable avec son état à lui, mais supérieur, céleste, et dans
lequel planent, voilées, les toutes-puissances divines — au lieu de
la cadence attendue, on entend, en *ré bémol*, dans une sonorité
aérienne, le thème du pardon (**24**) repris par le groupe des instruments à vent...

C. *Apparition du Venusberg.*

L'écriture change complètement. Le mouvement devient rapide. Sur une basse très mouvementée, les cordes dessinent des traits brusques ; après une grande montée chromatique représentant Tannhaeuser qui s'enfuit de Rome, les violons exécutent à l'aigu un tremolo qui va persister pendant la plus grande partie de cette phase scénique.

Abattu tout à l'heure, lorsqu'il faisait le douloureux récit de son voyage, Tannhaeuser est ressaisi d'une farouche exaltation. Puisque les hommes le repoussent, puisque le Ciel lui refuse sa miséricorde, il retournera au Venusberg (1), il ira vers la déesse maudite, vers les voluptés de l'Enfer.

Le chant de séduction du premier acte (7), cette mélodie troublante par laquelle Vénus croyait pouvoir l'enchaîner à elle pour toujours, il la redit avec une passion frénétique. Wolfram intervient vainement... Dans l'agitation de l'orchestre, les figures d'accompagnement du Venusberg (triolets, tremolos ou batteries), les formes harmoniques qui le caractérisent (neuvièmes, accords diversement altérés) prennent un caractère de plus en plus net : l'hallucination devient réalité. Le thème d'ivresse (**5 a**) éclate, et, des deux petits orchestres d'instruments à vent placés dans la coulisse, à gauche et à droite, sortent des timbres féminins, voix tentatrices ; l'appel du chevalier de Vénus a été entendu ! les thèmes se succèdent, se répondent de tous côtés, sur la scène, dans l'orchestre (2); Tannhaeuser aperçoit les Nymphes, et bientôt la déesse elle-même dans une clarté rose — tandis que, sur les triolets du groupe des bois, les violons font entendre l'appel des sirènes chanté au premier acte (**9**). La phrase de Vénus rappelle fidèlement un fragment symphonique de la fin de la Bacchanale (3), le motif des Grâces (**10**), et semble être une transformation de ce rythme à trois-quatre en une mesure à quatre temps ; en réalité, elle fut composée avant ce motif, qui vient d'elle, et elle procède d'un passage du thème **5 e** et du motif **11**. Ses deux notes initiales présentent l'intervalle de

(1) Successivement : **thème du Venusberg (4) aux altos, fragment du thème 7 aux flûtes et hautbois, thème 5 a au quatuor, en notes répétées.**
(2) **Nous retrouvons ici, dans cette orchestration nouvelle, toute une partie de l'ouverture (v. pages 7, 8, 9 et 10 de la partition piano et chant).**
(3) **Comp. partition piano et chant, pages 42, 45 et 46.**

quinte descendante si caractéristique dans le rôle de la déesse, et l'on y retrouve aussi le début du motif **11 a**, comme si la menace se changeait en séduction.

Un moment, les voix de Wolfram et de Tannhaeuser se réunissent, pendant que l'orchestre répète, en l'élargissant, une progression thématique entendue tout à l'heure.

La phrase de Vénus revient, haussée d'un ton, avec un caractère de plus en plus pressant. On remarque dans l'accompagnement en triolets, à la demi-cadence, un groupe de notes tiré du chant de séduction (**7**), et la conclusion reproduit textuellement un passage déjà signalé.

Tannhaeuser semble perdu. Wolfram engage une lutte suprême pour le salut de cette âme désespérée. Les violons et les altos exécutent un dessin tumultueux ; puis, sur une marche harmonique ascendante, les sonorités du Venusberg s'élèvent triomphalement (thème orgiaque de la Bacchanale **5 a**, transformation du motif **3** comme dans la partie de l'ouverture qui correspond au Venusberg et dans la Bacchanale, et thème **5 d**). Le choix est fait : Le chevalier de Vénus va se livrer à la damnation éternelle... Mais un nom saura vaincre toutes les séductions de l'Enfer ! Wolfram le prononce. Tannhaeuser frappé de stupeur le répète :

La disposition de ce passage est la même qu'au premier acte. Jadis, à cette même place, lorsque Tannhaeuser fut retrouvé par les chanteurs, le nom d'Elisabeth suffit pour le ramener à la Wartburg. Ce nom le sauvera maintenant, et la voix tonnante des trombones, qui n'ont pas figuré dans toute la scène infernale, proclame, sur un accord majestueux, irrésistible, le tout-puissant pouvoir de la grâce, le triomphe intérieur de la rédemption.

D. *Finale.*

Les dernières pages de la partition sont exclusivement chorales, à part de très courtes répliques de Vénus, de Wolfram et de Tannhaeuser ; elles contiennent trois chœurs qui se succèdent avec des caractères différents.

Elisabeth est morte ; à l'aube naissante, le cortège des funérailles descend de la Wartburg. Dans un mouvement lent, accompagnées par quatre trombones placés au fond du théâtre, les voix des hommes chantent la gloire de la Sacrifiée, la sainteté de la jeune fille qui souffrit, pria et mourut. Le motif mélodique de ce chant, quoique nouveau en sa forme propre, présente initialement la même quarte ascendante, de la dominante à la tonique, et le même rythme que le grand chœur des pèlerins (1), qui est le type des motifs religieux de l'œuvre :

De plus, il met en pleine lumière l'élément **b** de ce même motif **1**, qui apparaît tout proche de l'élément caractéristique du motif **25**, et que nous avons trouvé aussi au motif du pardon (**24**) :

Vénus disparait en poussant un cri ; Wolfram, ému, jette ces mots : « Henri, tu es sauvé ! » Dans le troisième verset du cantique, à la rentrée de l'orchestre, le motif rédempteur d'Elisabeth (24) s'élève aux hautbois, clarinettes et bassons ; le grand *crescendo* de la phrase chorale est suivi d'un *pianissimo* d'une expression ineffable, et la mélodie, au lieu de conclure sur la tonique, s'arrête sur la sensible bémolisée, tandis que Tannhaeuser se traîne, défaillant, jusqu'au cercueil de la Sainte, et meurt en murmurant cette parole : « Sainte Elisabeth, priez pour moi ! »

Alors, dans la clarté montante du jour, des sons joyeux éclatent. Le signe du miracle se révèle, tous savent maintenant que Dieu a pardonné : les jeunes pèlerins accourent, élevant la crosse couverte de feuillages. Leur chant, d'une virginale pureté, s'illumine de la plus radieuse allégresse : ces voix innocentes, véritables voix d'anges, annoncent aux autres hommes la miséricorde infinie du Seigneur !

C'est bien le Motif du Miracle de Rédemption (26), joyeuse action de grâces disant la victoire de la foi et de l'amour, et qui fut indiqué, au commencement de l'acte, dans l'*alleluia* des pèlerins plus âgés. Ce motif prend sa forme définitive — dont l'analogie avec le thème de la foi de *Parsifal* est frappante — un peu plus loin, dans le même chœur, après qu'on a réentendu l'élément initial du thème du pardon (24, comp. 1 b).

Les mêmes éléments caractéristiques se reproduisent encore, et une magnifique cadence, d'une largeur et d'un enthousiasme indescriptibles, relie ce chœur à la phrase finale de l'œuvre, c'est-à-dire au retour du motif 1, le grand motif religieux de l'ouverture et du chœur des pèlerins au commencement du troisième acte, motif qui reparait, chanté par toutes les voix d'hommes et doublé par les cuivres, majestueux, véritablement définitif, sur les traits exultants du motif de jubilation (3), tandis que les jeunes pèlerins répètent : « Alleluia! Alleluia ! »

Telle est la conclusion de cette œuvre grandiose, où l'art vivant de Richard Wagner resplendit dans sa magnificence.

TABLE DES MATIÈRES

Paris. — Imprimerie PAUL DUPONT, 4, rue du Bouloi.